中国铁建股份有限公司企业标准

中低速磁浮交通岩土工程勘察规范

Code for Geotechnical Investigations of Medium and Low Speed Maglev Transit

Q/CRCC 32801—2019

主编单位：中铁第一勘察设计院集团有限公司
批准单位：中国铁建股份有限公司
施行日期：2020 年 5 月 1 日

人民交通出版社股份有限公司

2019·北京

图书在版编目（CIP）数据

中低速磁浮交通岩土工程勘察规范／中铁第一勘察设计院集团有限公司主编．— 北京：人民交通出版社股份有限公司，2019.12
　ISBN 978-7-114-16123-0

　Ⅰ.①中… Ⅱ.①中… Ⅲ.①磁浮铁路—岩土工程—工程地质勘察—技术规范 Ⅳ.①U237-65

　中国版本图书馆CIP数据核字（2019）第274731号

标准类型：	中国铁建股份有限公司企业标准
标准名称：	中低速磁浮交通岩土工程勘察规范
标准编号：	Q/CRCC 32801—2019
主编单位：	中铁第一勘察设计院集团有限公司
责任编辑：	曲　乐　李　娜
责任校对：	赵媛媛
责任印制：	张　凯
出版发行：	人民交通出版社股份有限公司
地　　址：	（100011）北京市朝阳区安定门外外馆斜街3号
网　　址：	http：//www.ccpress.com.cn
销售电话：	（010）59757973
总 经 销：	人民交通出版社股份有限公司发行部
经　　销：	各地新华书店
印　　刷：	北京鑫正大印刷有限公司
开　　本：	880×1230　1/16
印　　张：	12.5
字　　数：	260千
版　　次：	2019年12月　第1版
印　　次：	2019年12月　第1次印刷
书　　号：	ISBN 978-7-114-16123-0
定　　价：	74.00元

（有印刷、装订质量问题的图书由本公司负责调换）

序 一

  2016年5月6日，由中国铁建独家承建的我国首条中低速磁浮商业运营线——长沙磁浮快线开通试运营。长沙磁浮快线是世界上最长的中低速磁浮线，是我国磁浮技术工程化、产业化的重大自主创新项目，荣获我国土木工程领域工程建设项目科技创新的最高荣誉——中国土木工程詹天佑奖。长沙磁浮快线是中国铁建独创性采用"投融资＋设计施工总承包＋采购＋研发＋制造＋联调联试＋运营维护＋后续综合开发"模式的建设项目，其建成标志着我国在中低速磁浮工程化应用领域走在了世界前列，也标志着中国铁建成为中低速磁浮交通的领跑者和代言人。

  我国已进入全面建成小康社会的决定性阶段，正处于城镇化深入发展的关键时期，亟待解决经济发展、城市交通、能源资源和生态环境等问题，而中低速磁浮交通具有振动噪声小、爬坡能力强、转弯半径小等优势，业已成为市内中低运量轨道交通、市郊线路和机场线、旅游专线等的有力竞争者。以中低速磁浮交通为代表的新型轨道交通是中国铁建战略规划"7＋1"产业构成中新兴产业、新兴业务重点布局新兴领域之一，也是中国铁建产业转型升级、打造"品质铁建"、实现高质量发展的切入点之一。2018年4月，中国铁建开展了中低速磁浮标准体系建设工作，该体系由15项技术标准组成，包括1项基础标准、9项通用标准和5项专用标准，涵盖勘察、测量、设计、施工、验收、运营和维护全过程、全领域；系列标准立足总结经验、标准先行、补齐短板、填补空白，立足系统完备、科学规范、国内一流、国际领先，立足推进磁浮交通技术升级、交通产业发展升级和人民生活品质提升。中低速磁浮系列标准的出版，必将为中国铁建新型轨道交通发展提供科技支撑力并提升中国铁建核心竞争力。

  希望系统内各单位以中低速磁浮系列标准出版为契机，进一步提升新兴领域开拓战略高度，强化新兴业务专有技术培育，加快新兴产业标准体系建设，以为政府和业主提供综合集成服务方案为抓手，以"旅游规划、基础配套、产业开发、交通工程勘察设计、投融资、建设、运营"一体化为指导，全面推动磁浮、单轨、智轨等新型轨道交通发展，为打造"品质铁建"做出新的更大贡献！

董事长：　　　　　　　　　总裁：

中国铁建股份有限公司
2019年12月

序 二

建设更安全可靠、更节能环保、更快捷舒适的轨道交通运输系统，一直都是人类追求的理想和目标。为此，我国自20世纪80年代以来积极倡导、投入开展中低速常导磁浮列车技术的研究。通过对国外先进技术的引进、消化、吸收以及自主创新，利用高校、科研院所及设计院等企业的协调合作，我国逐步研发了各种常导磁浮试验模型车，建设了多条厂内磁浮列车试验线，实现了载人运行试验，标志着我国在中低速常导磁浮列车领域的研究已跨入世界先进国家的行列，并从基础性技术研究迈向磁浮产业化。

国内首条中低速磁浮商业运营线——长沙磁浮快线于2014年5月开建，开启了国内中低速磁浮交通系统从试验研究到工程化、产业化的首次尝试，实现了国内自主设计、自主制造、自主施工、自主管理的中低速磁浮商业运营线零的突破。建成通车时，我倍感欣慰，不仅是因为我的团队参与了建设，做出了贡献，更因为中低速磁浮交通走进了大众的生活，让市民感受到了磁浮的魅力，让国人的磁浮梦扬帆起航。

在我国磁浮技术快速发展的基础上，中国工程院持续支持了中低速磁浮、高速磁浮、超高速磁浮发展与战略研究三个重点咨询课题。三个课题详细总结了我国磁浮交通的发展现状、发展背景，给出了我国磁浮交通的发展优势、发展路径、发展战略等建议。同时，四年前，在我国已掌握了中低速磁浮交通的核心技术、特殊技术、试验验证技术和系统集成技术，并且具备了磁浮列车系统集成、轨道制造、牵引与供电系统装备制造、通信信号系统装备制造和工程建设的能力的大背景下，我联合多名中国科学院院士、中国工程院院士、大学教授署名了一份《关于加快中低速磁浮交通推广应用的建议》，希望中低速磁浮交通上升为国家战略新兴产业。

两年前，国内首条旅游专线——清远磁浮旅游专线获批开建，再次推动了中低速磁浮交通的产业化发展，拓展了其在旅游交通领域的应用。

现在，我欣慰地看到，第一批中国铁建中低速磁浮工程建设企业标准已完成编制，内容涵盖了工程勘察、设计、施工、验收建设全过程以及试运营、运营、检修维护全领域，结构合理、内容完整，体现了中低速磁浮交通标准体系的系统性和完整性，体现更严、更深、更细的企业技术标准要求。一系列标准的发布，凝聚了众多磁浮人的智慧结晶，对推动我国中低速磁浮交通事业的发展、实现"交通强国"具有重要的意义。

磁浮交通一直在路上、在奔跑，具有绿色环保、安全性高、舒适性好、爬坡能力强、转弯半径小、建设成本低、运营维护成本低等优点，拥有完全自主知识产权的中低速磁浮交通也是未来绿色轨道交通的重要形式。磁浮人应以国际化为目标，以产业化为支撑，以市场化为指导，以工程化为载体，实现我国磁浮技术的发展和应用。

作为磁浮交通科研工作者中的一员，我始终坚信磁浮交通有着广阔的发展前景，也必将成为我国轨道交通事业的"国家新名片"。

中国工程院院士：

2019 年 11 月

中国铁建股份有限公司文件

中国铁建科技〔2019〕165 号

关于发布《中低速磁浮交通术语标准》等 15 项中国铁建企业技术标准的通知

各区域总部，所属各单位：

现批准发布《中低速磁浮交通术语标准》（Q/CRCC 31801—2019）、《中低速磁浮交通岩土工程勘察规范》（Q/CRCC 32801—2019）、《中低速磁浮交通工程测量规范》（Q/CRCC 32802—2019）、《中低速磁浮交通设计规范》（Q/CRCC 32803—2019）、《中低速磁浮交通信号系统技术规范》（Q/CRCC 33802—2019）、《中低速磁浮交通供电系统技术规范》（Q/CRCC 33803—2019）、《中低速磁浮交通接触轨系统技术标准》（Q/CRCC 33805—2019）、《中低速磁浮交通车辆基地设计规范》（Q/CRCC 33806—2019）、《中低速磁浮交通土建工程施工技术规范》（Q/CRCC 32804—2019）、《中低速磁浮交通机电工程施工技术规范》（Q/CRCC 32805—2019）、《中低速磁浮交通工程施工质量验收标准》（Q/CRCC 32806—2019）、《中低速磁浮交通试运营基本条件》（Q/CRCC 32807—2019）、《中低速磁浮交通车辆检修规程》（Q/CRCC 33804—2019）、《中低速磁浮交通运营管理规范》（Q/CRCC 32809—2019）和《中低速磁浮交通维护规范》（Q/CRCC 32808—2019），自 2020 年 5 月 1 日起实施。

15 项标准由人民交通出版社股份有限公司出版发行。

中国铁建股份有限公司
2019 年 11 月 18 日

中国铁建股份有限公司办公厅　　　　　　　　2019 年 11 月 18 日印发

前　言

本规范是根据中国铁建股份有限公司《关于下达中国铁建中低速磁浮工程建设标准编制计划的通知》（中国铁建科设〔2018〕53号）的要求，由中铁第一勘察设计院集团有限公司会同有关单位编制完成。

本规范编制过程中，编制组进行了深入调查研究，认真总结实践经验，广泛征求有关单位和专家意见，并与相关标准进行了协调，经反复讨论、修改，由中国铁建股份有限公司科技创新部审查定稿。

本规范共分15章，主要内容包括：1 总则；2 术语和符号；3 基本规定；4 可行性研究勘察；5 初步勘察；6 详细勘察；7 施工勘察；8 地下水；9 不良地质作用；10 特殊性岩土；11 工程地质调查与测绘；12 勘探与取样；13 原位测试与室内试验；14 岩土工程分析评价和成果报告；15 现场检验与检测；另有6个附录。

本规范由中国铁建股份有限公司科技创新部负责管理，由中铁第一勘察设计院集团有限公司负责具体内容解释。执行过程中如有意见或者建议，请寄送中铁第一勘察设计院集团有限公司（陕西省西安市西影路2号，邮政编码：710043），供今后修订时参考。

主 编 单 位：中铁第一勘察设计院集团有限公司
主要起草人：苗晓岐　杨智国　孟祥连　李　响　张文忠　高勤运　陈元元
　　　　　　巨小强　徐军政　王　旭　张玉玺　权董杰　周　泉　雷俊峰
　　　　　　刘世春

主要审查人：顾湘生　王永国　高文新　陈晓丹　李庆民　胡清波　韦随庆
　　　　　　刘坡拉　杜文山　李守礼　刘永勤　刘国宝

目　次

1 总则 ·· 1
2 术语和符号 ·· 3
　2.1 术语 ··· 3
　2.2 符号 ··· 3
3 基本规定 ·· 5
　3.1 一般规定 ·· 5
　3.2 勘察分级 ·· 7
　3.3 岩石分类 ·· 9
　3.4 土的分类 ·· 12
　3.5 勘察大纲 ·· 15
4 可行性研究勘察 ··· 17
　4.1 一般规定 ·· 17
　4.2 目的与任务 ··· 17
　4.3 勘察要求 ·· 18
5 初步勘察 ·· 20
　5.1 一般规定 ·· 20
　5.2 目的与任务 ··· 21
　5.3 高架工程 ·· 21
　5.4 地下工程 ·· 23
　5.5 低置结构工程、涵洞工程 ···································· 24
　5.6 地面车站、车辆基地 ··· 26
6 详细勘察 ·· 27
　6.1 一般规定 ·· 27
　6.2 目的与任务 ··· 27
　6.3 高架工程 ·· 29
　6.4 地下工程 ·· 31
　6.5 低置结构工程、涵洞工程 ···································· 36
　6.6 地面车站、车辆基地 ··· 38
7 施工勘察 ·· 40

8 地下水
8.1 一般规定 … 43
8.2 勘察要求 … 44
8.3 水文地质参数的测定 … 47
8.4 地下水作用评价和控制 … 53

9 不良地质作用
9.1 一般规定 … 58
9.2 滑坡 … 59
9.3 危岩、落石和崩塌 … 62
9.4 岩堆 … 65
9.5 泥石流 … 66
9.6 岩溶 … 71
9.7 人为坑洞 … 76
9.8 地裂缝 … 80
9.9 地面沉降 … 84
9.10 地震 … 88
9.11 有害气体 … 93

10 特殊性岩土
10.1 一般规定 … 96
10.2 填土 … 97
10.3 软土 … 100
10.4 湿陷性土 … 104
10.5 膨胀岩土 … 109
10.6 盐渍土 … 114
10.7 风化岩和残积土 … 117

11 工程地质调查与测绘
11.1 一般规定 … 121
11.2 工作内容和方法 … 121
11.3 工作范围 … 124
11.4 工作成果 … 125

12 勘探与取样
12.1 一般规定 … 127
12.2 钻探 … 128
12.3 井探、槽探 … 131
12.4 取样 … 132

12.5	地球物理勘探	134
13	**原位测试与室内试验**	**136**
13.1	一般规定	136
13.2	原位测试	137
13.3	室内试验	139
14	**岩土工程分析评价和成果报告**	**141**
14.1	一般规定	141
14.2	岩土参数的分析和选定	142
14.3	岩土工程分析评价	144
14.4	勘察报告的要求和内容	149
14.5	勘察报告的内容组成	151
15	**现场检验与检测**	**153**
附录A	岩土施工工程分级	156
附录B	隧道围岩分级	158
附录C	岩土试验、测试项目	165
附录D	物探、原位测试方法的适用条件	170
附录E	常用图例	174
附录F	常用图式	180
本规范用词说明		181
引用标准名录		182

Contents

1 **General** ·· 1
2 **Terms and Symbols** ·· 3
   2.1 Terms ·· 3
   2.2 Symbols ·· 3
3 **Basic Requirements** ·· 5
   3.1 General Requirement ··· 5
   3.2 Grading of Investigation ·· 7
   3.3 Classification of Rock ··· 9
   3.4 Classification of Soil ·· 12
   3.5 Investigation Outline ··· 15
4 **Feasibility Study Investigation** ·· 17
   4.1 General Requirement ··· 17
   4.2 Purpose and Task ·· 17
   4.3 Requirement of Investigation ·· 18
5 **Preliminary Investigation** ··· 20
   5.1 General Requirement ··· 20
   5.2 Purpose and Task ·· 21
   5.3 Viaduct Project ·· 21
   5.4 Underground Engineering ··· 23
   5.5 At-ground Structure Engineering, Culvert Engineering ················· 24
   5.6 Ground Station, Vehicle Base ·· 26
6 **Detailed Investigation** ·· 27
   6.1 General Requirement ··· 27
   6.2 Purpose and Task ·· 27
   6.3 Viaduct Project ·· 29
   6.4 Underground Engineering ··· 31
   6.5 At-ground Structure Engineering, Culvert Engineering ················· 36
   6.6 Ground Station, Vehicle Base ·· 38
7 **Construction Investigation** ·· 40

8 Underground Water ··· 43
8.1 General Requirement ··· 43
8.2 Investigation Requirement ··· 44
8.3 Measurement of Hydro-geological Parameters ··· 47
8.4 Action Evaluation and Control of Underground Water ··· 53

9 Adverse Geological Actions ··· 58
9.1 General Requirement ··· 58
9.2 Landslide ··· 59
9.3 Perilous Rock, Rockfall and Collapse ··· 62
9.4 Rockpile ··· 65
9.5 Debris Flow ··· 66
9.6 Karst ··· 71
9.7 Artificial Pits ··· 76
9.8 Ground Fissure ··· 80
9.9 Land Subsidence ··· 84
9.10 Earthquake ··· 88
9.11 Harmful Gas ··· 93

10 Special Rock and Soil ··· 96
10.1 General Requirement ··· 96
10.2 Fill ··· 97
10.3 Soft Soil ··· 100
10.4 Collapsible Soil ··· 104
10.5 Expansive Soil ··· 109
10.6 Saline Soil ··· 114
10.7 Weathered & Residual Soil ··· 117

11 Engineering Geological Envestigation and Mapping ··· 121
11.1 General Requirement ··· 121
11.2 Working Contents and Methods ··· 121
11.3 Working Range ··· 124
11.4 Working Achievement ··· 125

12 Exploration and Sampling ··· 127
12.1 General Requirement ··· 127
12.2 Drilling ··· 128
12.3 Well and Trench ··· 131
12.4 Sampling ··· 132

	12.5	Geophysical Exploration	134
13		**In-situ Test and Laboratory Test**	**136**
	13.1	General Requirement	136
	13.2	In-situ Test	137
	13.3	Laboratory Test	139
14		**Geotechnical Engineering Analysis and Evaluation and Results Report**	**141**
	14.1	General Requirement	141
	14.2	Analysis and Selection of Geotechnical Parameters	142
	14.3	Geotechnical Engineering Analysis and Evaluation	144
	14.4	Requirements and Contents of the Survey Report	149
	14.5	Content Composition of the Survey Report	151
15		**In-situ Inspection and Checking and Engineering Monitoring**	**153**

Appendix A Grading of Geotechnical Construction Engineering 156

Appendix B Grading of Tunnel Surrounding Rock 158

Appendix C Geotechnical Test and Test Item 165

Appendix D Using Conditioin of Geophysical Prospecting, In-situ Test Method 170

Appendix E Used Legends 174

Appendix F Used Illustrations 180

Explanstion of Wording in This Code 181

List of Quoted Standard 182

1 总则

1.0.1 为规范中低速磁浮交通岩土工程勘察技术工作，服务于中低速磁浮交通工程建设，做到安全适用、技术先进、经济合理、确保质量、保护环境、控制风险，制定本规范。

条文说明

磁浮列车作为快速客运领域一项新兴的交通技术，以其快速、安全、舒适等特点受到世界交通运输业的青睐。上海磁浮示范线设计速度430km/h，是世界上第一条磁浮交通商业运营线，于2001年3月1日开工建设，2002年12月试运营，2004年4月双线正式运营。

长沙中低速磁浮快线工程是国内第一条自主设计、自主制造、自主施工、自主管理的中低速磁浮线，项目设计速度100km/h，是继上海以来又一个开通磁浮交通的城市，于2014年5月16日开工，2015年12月26日开通试运行，2016年5月6日载客试运营。

磁浮列车对轨道及轨道梁的设计和制造提出了很高的要求，基础沉降成了控制运营安全的重要因素（如：低置结构工后沉降不大于30mm，任意地段20m长度范围内的不均匀沉降量不大于20mm，差异沉降错台不大于5mm），同样对岩土工程勘察工作的深度、广度和精度上提出了非常严格的控制要求。

目前国内无中低速磁浮交通岩土工程勘察的相关标准，为解决以往磁浮交通岩土工程勘察存在的问题，有必要制定专门的《中低速磁浮交通岩土工程勘察规范》，填补国内磁浮岩土工程勘察标准的空白，同时可促进股份公司磁浮交通技术的发展。

1.0.2 本规范适用于中低速磁浮交通岩土工程勘察。

条文说明

本规范对中低速磁浮交通工程的各种敷设形式、结构类型提出了具体的勘察要求，对文件编制提出符合住房和城乡建设部现行《城市轨道交通工程设计文件编制深度规定》（2010年）等的要求。

1.0.3 中低速磁浮交通岩土工程勘察应广泛搜集已有的勘察设计与施工资料，科学制订勘察大纲、精心组织实施。

条文说明

中低速磁浮交通大多建设在城市、城郊及景区，沿线勘察资料较丰富，特别是各种大型工业与民用建筑工程的基础设计、施工、监测等资料，可供中低速磁浮交通岩土工程参考和借鉴。

中低速磁浮交通工程建设过程中基坑、隧道坍塌，周边建筑（构）物、管线等的破坏，往往与地质条件密切相关。因此，重视工程地质、水文地质勘察，针对各类结构设计及各种施工工法，依据工程地质、水文地质条件进行技术论证和评价，提出合理可行的工程建议是十分重要的。

1.0.4 中低速磁浮交通岩土工程勘察应积极采用新技术、新工艺、新设备、新材料。

1.0.5 中低速磁浮交通岩土工程勘察工作应遵守国家、地方和相关部门有关环境保护、水土保持、文物保护、交通运输及安全生产等方面的规定，做到文明勘察，保障人身、机具及周边道路交通、建（构）筑物及居民生产生活的安全。

条文说明

在进行中低速磁浮交通工程地质钻探、坑探或洞探、物探（特别是地震勘探）、原位测试等工作时，常因工作特点对周边自然环境、水源、居民的生产与生活等产生影响，对市政交通、管线等安全产生影响，也经常会对工作人员和机具的安全造成威胁。因此，勘察全过程都要遵守国家、地方政府和相关部门的有关环境保护、水土保持、安全生产等方面的规定；尊重当地，特别是少数民族地区的风俗习惯；注意勘察场地周围的自然环境、地质条件和安全生产条件，严格执行相关规范和操作规程，做到文明勘察，保障人身和机具的安全。

1.0.6 中低速磁浮交通岩土工程勘察除应执行本规范外，尚应符合国家现行有关标准和中国铁建现行有关企业技术标准的规定。

条文说明

中低速磁浮交通各项岩土工程勘察工作，应按照本规范执行。本规范未涉及内容，线路工程可根据中低速磁浮交通的特点，参照铁路行业有关规范执行；建筑工程按照现行工业与民用建筑有关规范执行。

2 术语和符号

2.1 术语

2.1.1 中低速磁浮交通 medium and low speed maglev transit

采用直线异步电机驱动,定子设在车辆上的常导磁浮轨道交通。

2.1.2 工程周边环境 environment around engineering

泛指磁浮交通工程施工影响范围内的建(构)筑物、文物、地下管线、道路、桥梁、城市轨道交通、铁路和地表水体等环境对象。

2.1.3 低置结构 at-ground structure

路基与设置在路基之上的承轨梁组成的结构物。

2.1.4 围岩 surrounding rock

由于开挖,地下洞室周围初始应力状态发生了变化的岩土体。

2.1.5 不良地质作用 adverse geological process

由地球的内、外营力造成的对人类活动、工程建设或环境具有危害的地质作用。

2.1.6 线岩溶率 rate of line karstification

单位长度上岩溶空间形态长度的百分比,即:线岩溶率=钻孔所遇岩溶洞隙长度/钻孔穿过可溶岩的长度×100%。

2.1.7 钻孔见洞(隙)率 rate of holes encountered in drilling

指钻孔中遇岩溶洞隙的钻孔与钻孔总数的比值。

2.1.8 特殊性岩土 special rock and soil

具有特殊成分、结构、构造或特殊的物理、力学、化学性质,并影响工程地质条件的岩石与土体。

2.2 符号

ρ——密度;

w——含水率；

e——孔隙比；

W_u——土中有机质含量；

I_L——液性指数；

I_P——塑性指数；

α_W——红黏土的含水比；

d_{10}——有效粒径；

d_{50}——中值粒径；

δ_{ef}——自由膨胀率；

Δ_s——湿陷量的计算值；

Δ_{zs}——自重湿陷量的计算值；

$a_{0.1\sim0.2}$——压缩系数；

N——标准贯入试验锤击数；

$N_{63.5}$——重型圆锥动力触探锤击数；

N_{120}——超重型圆锥动力触探锤击数；

q_c——双桥静力触探锥头阻力；

p_0——旁压试验初始压力；

p_L——旁压试验极限压力；

p_y——旁压试验临塑压力；

f_L——地基极限强度；

f_y——地基临塑强度；

c_u——原状土的十字板剪切强度；

c'_u——重塑土的十字板剪切强度；

E_d——动弹性模量；

E_0——变形模量；

E_D——侧胀模量；

E_m——旁压模量；

R_c——岩石饱和单轴抗压强度；

K_v——岩体完整性指数；

k——渗透系数；

K_0——静止侧压力系数；

q_u——无侧限抗压强度；

v_s——剪切波速；

S_t——土的灵敏度；

μ——泊松比。

3 基本规定

3.1 一般规定

3.1.1 中低速磁浮交通岩土工程勘察应按规划、设计、施工阶段的技术要求，分阶段开展相应的勘察工作。

条文说明

中低速磁浮交通工程建设阶段一般包括规划、可行性研究、总体设计、初步设计、施工图设计、工程施工、试运营阶段。由于磁浮交通工程线路多穿越城市中心地带，地质、环境风险高，建设各阶段工程技术要求、解决的工程问题深度不同，对岩土工程勘察的资料深度要求也不同。如规划阶段应规避对线路方案产生重大影响的地质和环境风险。在设计阶段应针对所有的岩土工程问题开展设计工作，并对各类环境提出保护方案。

若不按照建设阶段及各阶段的技术要求开展岩土工程勘察工作，可能会导致工程投资浪费、工期延误，甚至在施工阶段产生重大的工程风险。根据规划和各设计阶段的要求，分阶段开展岩土工程勘察工作，规避工程风险，对磁浮交通工程建设意义重大。

3.1.2 中低速磁浮交通岩土工程勘察应分为可行性研究勘察、初步勘察和详细勘察。施工阶段可根据需要开展施工勘察工作。

条文说明

岩土工程勘察分阶段开展工作，就是坚持由浅入深、不断深化的认识过程，逐步认识沿线区域及场地的工程地质条件，准确提供不同阶段所需的岩土工程资料。特别在地质条件复杂地区，若不按阶段进行岩土工程勘察工作，轻者给后期工作造成被动，形成返工浪费，重者给工程造成重大损失或给运营线路留下无穷后患。

鉴于工程地质现象的复杂性和不确定性，按一定间距布设勘探点所揭示地层信息存在局限性；受周边环境条件限制，部分钻孔在详细勘察阶段无法实施；工程施工周期较长（一般为2~4年），在此期间，地下水和周边环境会发生较大变化；同时在工程施工中会出现一些工程问题。因此，磁浮交通工程在施工阶段有必要开展勘察工作，对地质资料进行校验、补充或修正。

3.1.3 线路或场地附近存在对工程设计方案和施工有重大影响的岩土工程问题时宜进行专项勘察。

条文说明

断裂构造、不良地质、特殊性岩土等往往对中低速磁浮交通工程线位规划、敷设形式、结构设计、工法选择等工程方案产生重大影响，严重时危及工程施工和线路运营安全。断裂构造、不良地质作用、地质灾害、特殊性岩土等地质问题往往具有复杂性和特殊性，采用常规的勘探手段，在常规的勘探工作量下难以查清。因此，对工程方案有重大影响的地质问题应进行专项勘察工作，提出有针对性的工程措施建议，确保工程规划设计经济、合理，工程施工安全、顺利。

3.1.4 中低速磁浮交通岩土工程勘察应取得工程沿线地形图、管线及地下设施分布图等资料，分析工程与周边环境的相互影响，提出工程周边环境保护措施的建议。

条文说明

中低速磁浮交通工程周边存在着大量的地上、地下建（构）筑物、地下管线、人防工程等环境条件，对工程设计方案和工程安全产生重大影响，同时，地下工程的施工容易导致周边环境产生破坏。因此岩土工程勘察前需要从建设单位获取地形图、地下管线及地下设施分布图，以便勘察单位在勘察期间确保地下管线和设施的安全，并在勘察成果中分析工程与周边环境的相互影响。

工程周边环境资料是工程设计、施工的重要依据，地形图及地下管线图往往不能满足周边环境与工程相互影响分析及工程环境保护设计、施工的要求。因此，有必要在工程建设中开展周边环境专项调查工作，取得周边环境的详细资料，以便采取环境保护措施，保证环境和磁浮交通工程建设的安全。

目前，周边环境的专项调查工作，是由建设单位单独委托，承担环境调查工作的单位，可以是设计单位、勘察单位或其他单位。

3.1.5 中低速磁浮交通岩土工程勘察应搜集当地已有勘察资料、吸取既有工程建设经验，针对线路敷设形式及各类工程的建筑类型、结构形式、基础类型、施工方法等工程条件开展工作。

条文说明

搜集当地已有勘察资料和建设经验是岩土工程勘察的基本要求，充分利用已有勘察资料和建设经验可以达到事半功倍的效果。

中低速磁浮交通工程线路敷设形式多，结构类型多，施工方法复杂；不同类型的工程对岩土工程勘察的要求不同，解决的问题不同。因此，针对线路敷设形式以及各类工程的建筑类型、结构形式、施工方法等工程条件开展工作是十分必要的。

地质勘察时，对地质条件特殊或有特殊要求的工程项目，应根据其特殊性，选择相适应的工程勘探、测试、试验方法，获取所需的岩土参数，满足工程设计要求。

3.1.6 中低速磁浮交通岩土工程勘察应根据工程重要性等级、场地复杂程度等级和工程周边环境制订勘察大纲，采用综合勘察方法，布置合理的勘察工作量，查明工程地质条件、水文地质条件，进行岩土工程分析与评价，提供设计、施工所需的岩土参数，提出工程方案、岩土治理、环境保护及工程监测等建议。

条文说明

中低速磁浮交通勘察等级的划分，参考了轨道交通勘察等级的划分，主要考虑了工程结构类型、破坏后果的严重性、场地工程地质条件的复杂程度等因素，以便在勘察工作量布置、岩土工程评价、参数获取、工程措施建议等方面突出重点、区别对待。

3.1.7 各勘察阶段应结合工程实际及工程周边环境资料，对地质因素引起的工程风险进行分析与评价。

3.1.8 场地土类型划分、建筑场地类别划分，高架和地下工程执行现行国家标准《城市轨道交通结构抗震设计规范》（GB 50909），低置结构工程应执行现行国家标准《铁路工程抗震设计规范》（GB 50111），房屋建筑工程应执行现行国家标准《建筑抗震设计规范》（GB 50011）的有关规定。

3.2 勘察分级

3.2.1 工程重要性等级可根据工程规模、建筑类型和特点以及岩土工程问题造成工程破坏的后果，按照表3.2.1的规定进行划分。

表 3.2.1 工程重要性等级

工程重要性等级	工程破坏的后果	工程规模及建筑类型
一级	很严重	车站主体、各类通道、地下区间、低置结构工程、高架区间、大中桥梁、地下停车场、控制中心、主变电站
二级	严重	小桥、涵洞、车辆基地内的各类房屋建筑（运用库、混合变电所、材料库、综合楼、洗车库、杂品库等）、出入口、风井、施工竖井、盾构始发（接收）井
三级	不严重	次要建筑物，地面停车场，车辆基地的门卫、垃圾站、泵站、换热站等

条文说明

中低速磁浮交通工程本身是一个复杂的系统工程，是各类工程和建筑类型的集合体，为了使岩土勘察工作更具针对性，本规范根据各个工程的规模和建筑类型的特点以及破坏后果的严重性，对其进行了重要性等级划分，并划分为三个等级。

3.2.2 场地复杂程度等级可根据地形地貌、工程地质条件、水文地质条件按照下列规定进行划分，从一级开始，向二级、三级推定，以最先满足的为准。

1 符合下列条件之一者为一级场地（或复杂场地）：
1）地形地貌复杂。
2）建筑抗震危险和不利地段。
3）不良地质作用强烈发育。
4）特殊性岩土需要专门处理。
5）地基、围岩或边坡的岩土性质较差。
6）地下水对工程的影响较大需要进行专门研究和治理。

2 符合下列条件之一者为二级场地（或中等复杂场地）：
1）地形地貌较复杂。
2）建筑抗震一般地段。
3）不良地质作用一般发育。
4）特殊性岩土不需要专门处理。
5）地基、围岩或边坡的岩土性质一般。
6）地下水对工程的影响较小。

3 符合下列条件之一者为三级场地（或简单场地）：
1）地形地貌较简单。
2）抗震设防烈度小于或等于6度或对建筑抗震有利地段。
3）不良地质作用不发育。
4）地基、围岩或边坡的岩土性质较好。
5）地下水对工程无影响。

条文说明

本条主要依据现行国家标准《岩土工程勘察规范》（GB 50021）制定。对建筑抗震有利、不利和危险地段的划分，应按现行国家标准《建筑抗震设计规范》（GB 50011）的有关规定确定。

3.2.3 岩土工程勘察等级，可按下列条件划分：

1 甲级：在工程重要性等级和场地复杂程度等级中，有一项或两项为一级的勘察项目。

2 乙级：除勘察等级为甲级和丙级以外的勘察项目。

3 丙级：工程重要性等级、场地复杂程度等级均为三级的勘察项目。

条文说明

磁浮交通工程一般位于城市及毗邻地区，工程周边环境复杂，不同环境类型与磁浮交通工程建设的相互影响不同，工程环境风险与环境的重要性、环境与工程的空间位置关系密切相关。岩土工程勘察阶段环境风险的影响主要为地质勘探对管线、地下构筑物造成的损坏风险、对周边环境卫生影响、噪声的危害等。而工程周边环境与工程相互影响程度及破坏后果的严重性，轨道交通工程建设的环境风险问题，住房和城乡建设部印发了《城市轨道交通工程周边环境调查指南》、颁布了《城市轨道交通地下工程建设风险管理规范》（GB 50652）等相关管理文件，规范了环境调查及环境风险等级的划分，在轨道交通工程建设中有专门的专题研究。

3.3 岩石分类

3.3.1 岩石坚硬程度应按表3.3.1分为坚硬岩、较硬岩、较软岩、软岩和极软岩。

表3.3.1 岩石坚硬程度分类

坚硬程度	坚硬岩	较硬岩	较软岩	软岩	极软岩
饱和单轴抗压强度（MPa）	>60	$30 < R_c \leq 60$	$15 < R_c \leq 30$	$5 < R_c \leq 15$	$R_c \leq 5$

注：1 当无法取得饱和单轴抗压强度数据时，可用点荷载试验强度 I_s（50）换算，换算方法按现行国家标准《工程岩体分级标准》（GB/T 50218）执行。
2 当岩体完整程度为极破碎时，可不进行坚硬程度分类。

条文说明

关于岩石坚硬程度的划分，现有国家和行业规范逐渐统一到现行国家标准《工程岩体分级标准》（GB/T 50218）。现行行业标准《铁路工程地质勘察规范》（TB 10012）中岩石坚硬程度的定量划分与现行国家标准《工程岩体分级标准》（GB/T 50218）和《岩土工程勘察规范》（GB 50021）原则上一致，本规范编制时参照现行国家标准《工程岩体分级标准》（GB/T 50218）和《岩土工程勘察规范》（GB 50021）进行分类。

3.3.2 岩体完整程度可根据完整性指数按表3.3.2的规定进行分类。

表3.3.2 岩体完整程度分类

完整程度	完整	较完整	较破碎	破碎	极破碎
完整性指数（K_v）	>0.75	0.55~0.75	0.35~0.55	0.15~0.35	≤0.15

3.3.3 岩石风化程度可按表3.3.3划分。

表 3.3.3 岩石按风化程度分类

风化程度	风化特征	风化程度参考指标	
		波速比	风化系数
未风化	岩石结构构造未变，岩质新鲜	$k_p > 0.9$	$k_f > 0.9$
微风化	岩石结构构造、矿物成分和色泽基本未变，部分裂隙面有铁锰质渲染或略有变色	硬质岩：$0.8 < k_p \leq 0.9$ 软质岩：$0.8 < k_p \leq 0.9$	$0.8 < k_f \leq 0.9$
中等风化	岩石结构构造部分破坏，矿物成分和色泽较明显变化，裂隙面风化较剧烈	硬质岩：$0.6 < k_p \leq 0.8$ 软质岩：$0.5 < k_p \leq 0.8$	硬质岩：$0.4 < k_f \leq 0.8$ 软质岩：$0.3 < k_f \leq 0.8$
强风化	岩石结构构造大部分破坏，矿物成分和色泽明显变化，长石、云母和铁镁矿物已风化蚀变	硬质岩：$0.4 < k_p \leq 0.6$ 软质岩：$0.3 < k_p \leq 0.5$	硬质岩：$k_f \leq 0.4$ 软质岩：$k_f \leq 0.3$
全风化	岩石结构构造完全破坏，已崩解和分解成松散土状或砂状，矿物全部变色，光泽消失，除石英颗粒外的矿物大部分风化蚀变为次生矿物	硬质岩：$k_p \leq 0.4$ 软质岩：$k_p \leq 0.3$	—

注：1 波速比 k_p 为风化岩石与新鲜岩石压缩波速之比。
2 风化系数 k_f 为风化岩石与新鲜岩石饱和单轴抗压强度之比。
3 岩石风化程度，除按表列风化特征和定量指标划分外，也可根据当地经验划分。
4 花岗岩类岩石，可采用标准贯入试验划分，$N \geq 70$ 为强风化；$40 \leq N < 70$ 为全风化；$N < 40$ 为残积土。
5 泥岩和半成岩，可不进行风化程度划分。

条文说明

风化程度分类参照现行国家标准《工程岩体分级标准》（GB/T 50218）和《岩土工程勘察规范》（GB 50021），残积土作为岩石风化后的残积物，具有土的特性，工程意义重要，因此未列在表中。

全风化岩石在工程中是常常遇到的岩石，国内外一些规范也有类似规定和提法。未风化岩石按照工程岩体分级标准，含义是岩质新鲜、结构未变。

3.3.4 当软化系数小于或等于0.75时，应定为软化岩石。当岩石具有特殊成分、特殊结构或特殊性质时，应定为特殊性岩石，如易溶性岩石、膨胀性岩石、崩解性岩石、盐渍化岩石等。

条文说明

软化系数是衡量水对岩石强度影响程度的判别准则之一，软化的岩石浸水后承载力明显降低。分类标准和现行国家标准《岩土工程勘察规范》（GB 50021）一致，规定 0.75 作为不软化和软化的界限值。

3.3.5 岩石的描述应包括地质年代、地质名称、风化程度、颜色、主要矿物、结构、构造。对沉积岩应着重描述沉积物的颗粒大小、形状、胶结物成分和胶结程度；对岩浆岩和变质岩应着重描述矿物结晶大小和结晶程度。

3.3.6 岩体的描述应包括结构面、结构体、岩层厚度和结构类型，并应符合下列规定：

1 结构面的描述包括类型、性质、产状、组合形式、发育程度、延展情况、闭合程度、粗糙程度、充填情况和充填物性质及充水性质等。

2 结构体的描述包括类型、形状、大小、岩体基本质量指标 BQ 和结构体在围岩中的受力情况等。

3 岩层厚度分类应按表 3.3.6 执行。

表 3.3.6 岩层厚度分类

层 厚 分 类	单层厚度 h（m）	层 厚 分 类	单层厚度 h（m）
巨厚层	$h>1.0$	中厚层	$0.1<h\leqslant 0.5$
厚层	$0.5<h\leqslant 1.0$	薄层	$h\leqslant 0.1$

3.3.7 岩体基本质量指标的确定应符合下列规定：

1 岩体基本质量指标 BQ，应根据岩石坚硬程度、岩体完整程度指标定量值按式（3.3.7）计算：

$$BQ = 100 + 3R_c + 250K_v \tag{3.3.7}$$

2 使用式（3.3.7）时，应遵守下列限制条件：

1）当 $R_c>90K_v+30$ 时，应以 $R_c=90K_v+30$ 和 K_v 代入公式计算 BQ 值；

2）当 $K_v>0.04R_c+0.4$ 时，应以 $K_v=0.04R_c+0.4$ 和 R_c 代入公式计算 BQ 值。

3.3.8 岩体基本质量分级，应根据岩体基本质量的定性特征和岩体基本质量指标 BQ 两者相结合，按附录说明表 B.0.1-1 确定。

3.3.9 对岩体基本质量等级为Ⅳ级和Ⅴ级的岩体，鉴定和描述除按本规范第 3.3.5 条、第 3.3.6 条和第 3.3.8 条外，尚应符合下列规定：

1 对软岩和极软岩，应注意是否具有可软化性、膨胀性、崩解性等特殊性质。

2 对极破碎岩体，应说明破碎的原因。

3 开挖后是否有进一步风化的特性。

3.4 土的分类

3.4.1 晚更新世 Q_3 及其以前沉积的土，应定为老沉积土；第四纪全新世中近期沉积的土，应定为新近沉积土。

3.4.2 土按地质成因可分为残积土、坡积土、洪积土、冲积土、淤积土、冰积土、风积土、海积土、湖积土等。

3.4.3 土根据有机质含量（W_u）可按表 3.4.3 的规定进行分类。

表 3.4.3 土按有机质含量（W_u）分类

土的名称	有机质含量（%）	土的名称	有机质含量（%）
无机土	$W_u < 5$	泥炭质土	$10 < W_u \leq 60$
有机质土	$5 \leq W_u \leq 10$	泥炭	$W_u > 60$

3.4.4 土按颗粒级配或塑性指数可分为碎石、砂土、粉土和黏性土。

3.4.5 粒径大于 2mm 颗粒的质量超过总质量 50% 的土，应定名为碎石土，并按表 3.4.5-1 的规定进一步分类。粒径大于 2mm 颗粒质量不超过总质量 50%、粒径大于 0.075mm 颗粒质量超过总质量 50% 的土，应定名为砂土，并按表 3.4.5-2 的规定进一步分类。

表 3.4.5-1 碎石土的分类

土的名称	颗粒形状	颗粒含量
漂石	圆形或亚圆形为主	粒径大于 200mm 颗粒的质量超过总质量的 50%
块石	棱角形为主	
卵石	圆形和亚圆形为主	粒径大于 60mm 颗粒的质量超过总质量的 50%
碎石	棱角形为主	
粗圆砾	圆形和亚圆形为主	粒径大于 20mm 颗粒的质量超过总质量的 50%
粗角砾	棱角形为主	
细圆砾	圆形和亚圆形为主	粒径大于 2mm 颗粒的质量超过总质量的 50%
细角砾	棱角形为主	

注：定名时应根据粒径分组，由大到小，以最先符合者确定。

表 3.4.5-2 砂土的分类

土 的 名 称	颗 粒 含 量
砾砂	粒径大于 2mm 颗粒的质量占总质量大于 25%，且小于 50%
粗砂	粒径大于 0.5mm 颗粒的质量超过总质量的 50%
中砂	粒径大于 0.25mm 颗粒的质量超过总质量的 50%
细砂	粒径大于 0.075mm 颗粒的质量超过总质量的 85%
粉砂	粒径大于 0.075mm 颗粒的质量超过总质量的 50%

注：分类时应根据粒径分组，由大到小，以最先符合者确定。

3.4.6 粒径大于 0.075mm 颗粒的质量不超过总质量 50%，且塑性指数 I_p 小于或等于 10 的土，应定名为粉土。粉土可按表 3.4.6 的规定进一步划分为砂质粉土和黏质粉土。

表 3.4.6 粉土的分类

土 的 名 称	塑性指数 I_p	土 的 名 称	塑性指数 I_p
砂质粉土	$3 < I_p \leq 7$	黏质粉土	$7 < I_p \leq 10$

注：塑性指数由相应于 76g 圆锥体沉入土样深度为 10mm 时测定的液限计算而得。当有地区经验时，可结合地区经验综合考虑。

3.4.7 塑性指数 I_p 大于 10 的土应定名为黏性土，并按表 3.4.7 的规定进一步分类。

表 3.4.7 黏性土的分类

土 的 名 称	塑性指数 I_p	土 的 名 称	塑性指数 I_p
粉质黏土	$10 < I_p \leq 17$	黏土	$I_p > 17$

3.4.8 土的描述应符合下列规定：

1 碎石土宜描述颜色、颗粒级配、颗粒形状、最大粒径、颗粒排列、母岩成分、风化程度、充填物和充填程度、密实度、层理特征等。

2 砂土宜描述颜色、矿物组成、颗粒级配、颗粒形状、细粒含量、湿度、密实度及层理特征等。

3 粉土宜描述颜色、含有物、湿度、密实度、摇震反应及层理特征等。

4 黏性土宜描述颜色、状态、含有物、光泽反应、土的结构、层理特征及状态、断面状态等。

5 特殊性土除应描述上述相应土类规定的内容外，尚应描述其特殊成分和特殊性质，如对淤泥尚应描述嗅味，对填土尚应描述物质成分、堆积年代、密实度和厚度的均匀程度等。

6 对具有互层、夹层、夹薄层特征的土，尚应描述各层的厚度和层理特征。

3.4.9 土的密实度可按下列规定划分：

1 碎石土的密实度可根据圆锥动力触探锤击数按表 3.4.9-1 和表 3.4.9-2 的规定确定。表中的 $N'_{63.5}$ 和 N'_{120} 是根据实测圆锥动力触探锤击数 $N_{63.5}$ 和 N_{120} 按现行国家标准《岩土工程勘察规范》（GB 50021）的相关规定进行修正后得到的锤击数。

表 3.4.9-1 碎石土密实度按 $N'_{63.5}$ 分类

重型动力触探锤击数 $N'_{63.5}$	密 实 度	重型动力触探锤击数 $N'_{63.5}$	密 实 度
$N'_{63.5} \leq 5$	松散	$10 < N'_{63.5} \leq 20$	中密
$5 < N'_{63.5} \leq 10$	稍密	$N'_{63.5} > 20$	密实

注：本表适用于平均粒径小于或等于 50mm，且最大粒径小于 100mm 的碎石土。对于平均粒径大于 50mm，或最大粒径大于 100mm 的碎石土，可用超重型动力触探或野外观察鉴别。

表 3.4.9-2 碎石土密实度按 N'_{120} 分类

超重型动力触探锤击数 N'_{120}	密 实 度	超重型动力触探锤击数 N'_{120}	密 实 度
$N'_{120} \leq 3$	松散	$11 < N'_{120} \leq 14$	密实
$3 < N'_{120} \leq 6$	稍密	$N'_{120} > 14$	很密
$6 < N'_{120} \leq 11$	中密		

2 砂土的密实度应根据标准贯入锤击数实测值 N 划分为密实、中密、稍密和松散，并应符合表 3.4.9-3 的规定。

表 3.4.9-3 砂土密实度分类

标准贯入锤击数 N	密 实 度	标准贯入锤击数 N	密 实 度
$N \leq 10$	松散	$15 < N \leq 30$	中密
$10 < N \leq 15$	稍密	$N > 30$	密实

3 粉土的密实度应根据孔隙比 e 划分为密实、中密和稍密，并符合表 3.4.9-4 的规定。

表 3.4.9-4 粉土密实度分类

孔隙比 e	密 实 度	孔隙比 e	密 实 度
$e < 0.75$	密实	$e > 0.9$	稍密
$0.75 \leq e \leq 0.90$	中密		

注：当有经验时，也可用原位测试或其他方法划分粉土的密实度。

条文说明

3.4.4～3.4.8 圆砾土的划分将圆砾（或角砾）与卵石（或碎石）之间的分界粒径由过去的 20mm 改为 60mm；20mm 至 60mm 之间的颗粒定名为"粗圆砾"或"粗角砾"；原 2mm 至 20mm 之间的颗粒名称由"圆砾"或"角砾"改名为"细圆砾"或"细角砾"。此次修改主要考虑与国家标准《土的工程分类标准》（GB/T 50145）、公路、水利系统等标准靠拢,与欧美等国家土的分类标准趋于一致,便于国内与国际间的资料交流。

碎石土的最大粒径对地下隧道工程施工工艺的选择十分重要,砂卵石地层中卵石最大粒径的大小和含量的多少是盾构设备选型和施工参数确定的关键因素。

粉土在现行国家标准《岩土工程勘察规范》(GB 50021)和《建筑地基基础设计规范》(GB 50007)中没有进一步划分,在现行国家标准《轨道交通岩土工程勘察规范》(GB 50307)中进一步划分为砂质粉土和黏质粉土,主要考虑工程性质的差异,在存在地下水时砂质粉土和黏质粉土性状的不同,尤其对地下开挖工程的影响,砂质粉土易产生流土等渗流变形,接近粉砂的性状,黏质粉土接近粉质黏土的性状。

3.4.10 粉土的湿度应根据含水率 w(%)划分为稍湿、湿和很湿,并符合表3.4.10的规定。

表 3.4.10 粉 土 湿 度 分 类

含水率 w(%)	湿 度	含水率 w(%)	湿 度
$w < 20$	稍湿	$w > 30$	很湿
$20 \leqslant w \leqslant 30$	湿		

条文说明

本规范土的描述及土的密实度、粉土的湿度、黏性土的状态等划分标准参照了现行国家标准《岩土工程勘察规范》(GB 50021)制定。

3.4.11 黏性土状态应根据液性指数 I_L 划分为坚硬、硬塑、可塑、软塑和流塑,并符合表3.4.11的规定。

表 3.4.11 黏性土状态分类

液性指数 I_L	状 态	液性指数 I_L	状 态
$I_L \leqslant 0$	坚硬	$0.75 < I_L \leqslant 1.00$	软塑
$0 < I_L \leqslant 0.25$	硬塑	$I_L > 1.00$	流塑
$0.25 < I_L \leqslant 0.75$	可塑		

3.5 勘察大纲

3.5.1 岩土工程勘察工作开始前,应根据委托单位(业主)的要求、工程设置和地质条件等分阶段编制岩土工程勘察大纲。

条文说明

住房和城乡建设部《房屋建筑和市政基础设施工程勘察文件编制深度规定》中,

规定了勘察纲要编制的内容及要求，但对各阶段编制勘察纲要未明确规定。鉴于轨道交通、磁浮交通工程岩土勘察的复杂性，及各地在工作中一般都编制勘察大纲的实际情况，本条规定了分阶段编制勘察大纲的要求，工程可行性研究阶段可根据需要及管理单位的要求进行编制。勘察单位编制勘察大纲，业主（建设单位）或监理（咨询）单位组织对勘察大纲进行审查，并按照质量管理程序审批、相关责任人签署。

3.5.2 岩土工程勘察大纲应包括下列内容：

1 概况，包括编制依据、工程概况、重点工程的分布情况以及以往勘察情况。

2 沿线自然地理、工程地质及水文地质概况，包括沿线地形及地貌特征、河流水系及气象、主要岩性及地质特征、地质构造、地震动参数、水文地质概况、沿线不良地质作用、特殊性岩土、主要地质问题及勘察的重难点。

3 技术要求及勘察工作原则，包括执行的技术标准、勘察等级、各类工程技术要求，勘察工作的主要内容和原则，重大工程、不良地质作用、特殊性岩土及主要地质问题的勘察内容和要求。

4 勘探方法的选用，勘探点的布置原则、测试及试验要求、主要工作量，以及针对重大或关键性地质问题采取的勘察对策、措施和专题研究等。

5 组织机构、人员组成、设备配置、计划进度、质量目标及管理、安全和环保措施、勘察风险分析、突发事件的处治及应急预案。

6 资料编制的原则，应交成果资料种类和数量等。

7 其他需要说明的问题。

8 附图、附件。

3.5.3 勘察大纲在执行过程中应根据地质条件、设计方案、勘察要求的变化进行工作量调整。

4 可行性研究勘察

4.1 一般规定

4.1.1 可行性研究勘察应针对工程方案开展工程地质勘察工作，研究线路及配套工程场地的地质条件，为工程可行性研究提供地质依据。

4.1.2 可行性研究勘察应重点研究影响线路方案的不良地质作用、特殊性岩土及控制性工程的工程地质条件。

条文说明

4.1.1、4.1.2 可行性研究阶段勘察是中低速磁浮交通工程建设的一个重要环节。中低速磁浮交通工程在规划可研阶段，需要考虑众多的影响和制约因素，如城市发展规划、交通方式、预测客流等，以及地质条件、环境设施、施工难度等。这些因素是确定线路走向、工程敷设类型、施工工法时应重点考虑的内容。

制约线路敷设方式、工期、投资的地质因素主要为不良地质作用、特殊性岩土和线路控制节点的工程地质与水文地质问题。因此，这些地质问题是可行性研究阶段勘察工作的重点。

4.1.3 可行性研究勘察应以已有地质资料搜集和工程地质调查与测绘为主，辅以必要的勘探手段和测试、试验等工作。

条文说明

中低速磁浮交通工程设计中，一般可行性研究阶段与初步设计阶段之间还有总体设计阶段，在实际工作中，可行性研究阶段的勘察报告还需要满足总体设计阶段的需要。如果仅依靠搜集资料来编制可研勘察报告难以满足上述两个阶段的工作需要，因此强调应进行必要的现场勘探、测试和试验工作。

4.2 目的与任务

4.2.1 可行性研究勘察应调查中低速磁浮交通工程线路场地的岩土工程条件、周边环境条件，研究控制线路方案的主要工程地质问题和重要工程周边环境，为拟建工程的线位、站位、线路敷设形式、施工方法等方案的设计与比选、技术经济论证、工程周边环境保护及编制可行性研究报告提供地质资料。

条文说明

由于比选线路方案、完善线路走向、确定敷设方式和稳定车站等工作，需要同时考虑对环境的保护和协调，如重点文物单位的保护、既有桥隧、地下设施等，并认识和把握既有地上、地下环境所处的岩土工程背景条件。因此，可行性研究阶段勘察，应从岩土工程角度，提出线路方案与环境保护的建议。

4.2.2 可行性研究勘察应进行下列工作：

1 搜集区域地质、地形、地貌、水文、气象、地震、矿产等资料，以及沿线的工程周边环境条件和相关工程建设经验。

2 调查线路沿线的地形地貌、地层岩性、地质构造、水文地质条件、不良地质作用和特殊性岩土，划分工程地质单元，进行工程地质分区，评价场地稳定性和适宜性。

3 分析评价工程周边环境与线路的相互影响关系，提出规避、保护的初步建议。

4 调查对线路及工程方案起控制作用的不良地质作用和特殊性岩土，了解其类型、成因、分布范围及发育规律，分析其对线路的危害，提出规避、防治的初步建议。当通过资料收集和工程地质调绘不能满足对其进行分析评价的要求时，应进行必要的勘探、测试。

5 分析各线路方案沿线高架、地下、低置结构等工程方案及施工方法的可行性，评价各线路方案的工程地质条件，分析存在的地质问题，提出线路比选方案的建议。

条文说明

磁浮交通工程为线状工程，不良地质作用、特殊性岩土以及重要的工程周边环境决定线路敷设方式、开挖形式、线路走向等方案的可行性，并影响着工程的造价、工期及施工安全。

4.3 勘察要求

4.3.1 可行性研究勘察的资料搜集应包括下列内容：

1 气象、水文以及与工程相关的水利、防洪设施等资料。

2 区域地质、水文地质、构造、地震及液化等资料。

3 沿线地形、地貌、地层岩性、地下水、特殊性岩土、不良地质作用和地质灾害等资料。

4 沿线古城址及河、湖、沟、坑、浜的历史变迁及工程活动引起的地质变化等资料。

  5 影响线路方案的重要建（构）筑物、桥涵、隧道、既有交通设施等工程周边环境的设计与施工资料。

4.3.2 可行性研究勘察的勘探工作应符合下列要求：

  1 勘探点数量应满足工程地质分区的要求；每个工程地质单元应有勘探点，在地质条件复杂或重点工程地段应加密勘探点。

  2 勘探点间距不宜大于1000m，每个车站、车辆基地应有勘探点。

  3 不同比选线路方案或同一线路方案中不同比选段落均应布置勘探点。

  4 控制线路方案的江、河、湖等地表水体、不良地质作用、特殊性岩土、区域性断裂等地段应布置勘探点。

  5 勘探孔深度应满足场地稳定性、适宜性评价和线路方案设计、工法选择等需要。

条文说明

  可行性研究阶段勘察所依据的线路方案一般都不稳定，并且各地的场地复杂程度、线路的环境条件也不同，所以可行性研究阶段勘探点间距需要根据地质条件和实际情况灵活掌握。

  根据近年来类似工程的勘察经验，一般情况下，每个车站、车辆基地和每个地质单元均要布置钻孔，当搜集的勘探资料满足可行性研究阶段钻孔要求时，可根据情况用于可行性研究阶段的勘察文件中；对于控制线路方案或重点工程的不良地质或特殊性岩土，需布置钻孔，并根据实际需要适当加密。

4.3.3 可行性研究勘察阶段的取样、原位测试及室内试验的项目和数量，应根据线路方案、拟建工程设置类型、沿线工程地质和水文地质条件确定。

5 初步勘察

5.1 一般规定

5.1.1 初步勘察应在可行性研究勘察的基础上，针对中低速磁浮交通工程线路敷设形式、各类工程的结构形式、施工方法等开展工作，为初步设计提供地质依据。

条文说明

初步设计是中低速磁浮交通工程建设非常重要的设计阶段，初步设计工作往往是在线路总体设计的基础上开展工点设计工作，不同的敷设方式初步设计的内容不同，如：初步设计阶段的地下工程一般根据环境及地质条件需完成车站主体及区间的平面布置、埋置深度、开挖方法、支护形式、地下水控制、环境保护、监控量测等的初步方案。初步设计阶段的岩土工程勘察需要满足以上初步设计工作的要求。因此，初步勘察要按照线路敷设方式，针对高架工程、低置结构和涵洞工程、地下工程、地面车站和车辆基地等分别提出初步勘察要求。

5.1.2 初步勘察应对控制线路平面、低置结构及桥梁工程设置类型、隧道埋深及施工方法的关键工程或区段进行重点勘察，并结合工程周边环境提出岩土工程防治和风险控制的初步建议。

条文说明

初步设计过程中，对一些控制性工程，如穿越水体、重要建（构）筑物地段、换乘节点等，往往需要对位置、埋深、施工方法进行多种方案的比选，因此，初步勘察需要为控制性节点工程的设计和比选，确定切实可行的工程方案，提供必要的地质资料。

5.1.3 初步勘察工作应根据沿线区域地质和场地工程地质、水文地质、工程周边环境等条件，采用工程地质调查与测绘、勘探与取样、原位测试、室内试验等多种手段相结合的综合勘察方法。

5.2 目的与任务

5.2.1 初步勘察应初步查明工程线路、车站、车辆基地和相关附属设施的工程地质和水文地质条件，分析评价地基基础形式和施工方法的适宜性，预测可能出现的岩土工程问题，提供初步设计所需的岩土参数，提出复杂或特殊地段岩土治理的初步建议。

5.2.2 初步勘察包含下列工作：

1 搜集带地形图的拟建线路平面图、线路纵断面图、施工方法等有关设计文件及可行性研究勘察报告、工程周边环境调查报告。
2 初步查明沿线地质构造、岩土类型及分布、岩土物理力学性质、地下水埋藏条件，进行工程地质分区。
3 初步查明特殊性岩土的类型、成因、分布、规模、工程性质，分析其对工程的危害程度。
4 查明沿线场地不良地质作用的类型、成因、分布、规模，预测其发展趋势，分析其对工程的危害程度。
5 初步查明沿线地表水的水位、流量、水质、河湖淤积物的分布，以及地表水与地下水的补排关系。
6 初步查明地下水水位，地下水类型，补给、径流、排泄条件，历史最高水位，地下水动态和变化规律。
7 对抗震设防烈度不小于6度的场地，应初步评价场地和地基的地震效应。
8 评价场地稳定性和工程适宜性。
9 初步评价水和土对建筑材料的腐蚀性。
10 对可能采取的地基基础类型、地下工程开挖与支护方案、地下水控制方案进行初步分析评价。
11 季节性冻土地区，应调查场地土的标准冻结深度。
12 对风险较高的工程周边环境，分析可能出现的工程问题，提出预防措施的建议。

5.3 高架工程

5.3.1 高架工程包括高架车站、高架区间及其附属工程，高架工程初步勘察除应符合本规范第5.2.2条的规定外，尚应满足下列要求：

1 重点查明对高架方案有控制性影响的不良地质体的分布范围，指出工程设计应注意的事项。
2 采用天然地基时，初步评价墩台基础地基稳定性和承载力，提供地基变形、基础抗倾覆和抗滑移稳定性验算所需的岩土参数。

3 采用桩基时，初步查明桩基持力层的分布、厚度变化规律，提出桩型及成桩工艺的初步建议，提供桩侧摩阻力、桩端阻力初步建议值，并评价桩基施工对工程周边环境的影响。

4 对跨河桥，应初步查明河流水文条件，提供冲刷计算所需的颗粒级配等参数。

条文说明

中低速磁浮交通工程初步设计阶段高架工程主要涉及高架车站、区间桥梁，本条是在满足本规范第5.2.2条的基础上，针对高架工程的特点提出的勘察要求。勘察要求主要考虑中低速磁浮交通高架结构对沉降控制较为严格，一般采用桩基方案，因此勘察工作的重点是桩基方案的评价和建议，关于桩基方案的勘察评价可参照相关的专业规范执行。

5.3.2 勘探点间距应根据场地复杂程度和设计方案确定，高架区间勘探点间距宜间隔3~5墩一孔，高墩、大跨及地质条件复杂时可适当加密；高架车站勘探点数量不宜少于3个；取样、原位测试的勘探点数量不应少于勘探点总数的2/3。

条文说明

高架车站及高架区间的勘探点布置是综合各地类似工程初步勘察经验和设计需求的基础上提出的勘探点数量和间距的要求。磁浮交通桥跨多以25m的跨为主，初勘点位应尽量结合桥柱、框架柱布设，勘探点应先布置在控制性的高墩、大跨位置。初步设计阶段的高架结构柱跨或桥墩台位置尚不确定时，参考各地经验按照70~130m的间距布置。当地质条件复杂时应按实际情况加密勘探点。

5.3.3 勘探孔深度应符合下列规定：

1 勘探孔深度应满足查明墩台基础持力层或桩基持力层，且满足墩台基础或桩基沉降计算和软弱下卧层验算的要求。

2 墩台基础置于无地表水地段时，应穿过最大冻结深度达持力层以下；墩台基础置于地表水水下时，应穿过水流最大冲刷深度达持力层以下。

3 基岩地段的勘探深度，覆盖层较薄，下伏基岩风化层不厚或为硬质岩时，勘探孔应进入中等、微风化地层2~3m，当风化层很厚或为软质岩时，应根据其风化程度，按相应的岩层确定钻探深度；遇到第三纪以后多次喷发的火山岩时，钻孔应适当加深；岩溶区勘探点的深度进入基础平面以下不应小于10m，勘探点遇软弱夹层、溶洞、破碎带时应根据工程需要适当加深；当河床有大漂（块）石时，则钻入基岩的深度不应小于5m，并应超过当地漂（块）石的最大粒径2倍。

条文说明

勘探孔深度的规定考虑了满足设计方案的调整和后续勘察阶段的可利用性需求，以及第四系和基岩的地层岩性特征；同时，对墩台基础和桩基础也进行了相应的细化。

5.4 地下工程

5.4.1 地下车站与区间工程、山岭隧道初步勘察除应符合本规范第5.2.2条的规定外，尚应满足下列要求：

1 初步划分车站、区间隧道、山岭隧道的围岩分级和岩土施工工程分级。

2 根据车站、区间隧道、山岭隧道的结构形式及埋置深度，结合岩土工程条件，提供初步设计所需的岩土参数，提出地基基础方案的初步建议。

3 每个水文地质单元选择代表性地段进行水文地质试验，提供水文地质参数，必要时设置地下水位长期观测孔。

4 初步查明地下有害气体、污染土层的分布，评价其对工程的影响。

5 针对车站、区间隧道、山岭隧道的施工方法，结合岩土工程条件，分析基坑支护、围岩支护、盾构设备选型、岩土加固与开挖、地下水控制等可能遇到的岩土工程问题，提出处理措施的初步建议。

6 对山岭隧道浅埋段及洞口段应查明覆盖层的厚度、岩体的风化和破碎程度，含水情况，评价其对隧道洞身围岩及洞口边、仰坡稳定的影响。

条文说明

初步勘察阶段的地下工程主要涉及地下车站、区间隧道，本条是在满足本规范第5.2.2条的基础上，针对地下工程的特点提出的勘察要求。勘察要求主要包括了围岩分级、岩土施工工程分级、地基基础形式、围岩加固形式、有害气体、污染土、支护形式和盾构选型等隧道工程、基坑工程所需要查明和评价的内容。

5.4.2 地下车站的勘探点宜按结构轮廓线布置，每个车站勘探点数量不宜少于4个，且勘探点间距不宜大于100m。

5.4.3 地下区间勘探点应根据场地复杂程度和设计方案布置，并符合下列要求：

1 勘探点间距宜为100～200m，在地貌、地质单元交接部位、地层变化较大地段以及不良地质作用和特殊性岩土发育地段应加密勘探点。

2 勘探点宜沿区间线路外侧交叉布置。

条文说明

地下车站及地下区间的勘探点布置是综合各地类似工程初步勘察经验和设计需求

的基础上提出的勘探点数量和间距的要求，当地质条件复杂时应按实际情况加密勘探点。

5.4.4 山岭隧道采用地质调绘、物探与钻探相结合的勘察方法，在隧道进、出口、浅埋地段及地质条件复杂地段应布置勘探点。

5.4.5 每个地下车站或区间取样、原位测试的勘探点数量不应少于勘探点总数的2/3。

5.4.6 勘探孔深度应根据地质条件及设计方案综合确定，并符合下列规定：
　　1　控制性勘探孔进入结构底板以下不应小于30m；在结构埋深范围内如遇强风化、全风化岩石地层进入结构底板以下不应小于15m；在结构埋深范围内如遇中等风化、微风化岩石地层宜进入结构底板以下5~8m。
　　2　一般性勘探孔进入结构底板以下不应小于20m；在结构埋深范围内如遇强风化、全风化岩石地层进入结构底板以下不应小于10m；在结构埋深范围内如遇中等风化、微风化岩石地层进入结构底板以下不应小于5m。
　　3　山岭隧道钻探深度非可溶岩应至结构底板以下3~5m；可溶岩应至结构底板以下10m；遇岩溶及其他不良地质时，应适当加深。

条文说明
　　勘探孔深度的规定考虑了满足设计方案的调整和后续勘察阶段的可利用性需求，以及第四系和基岩的地层岩性特征。

5.5　低置结构工程、涵洞工程

5.5.1 低置结构工程初步勘察除应符合本规范第5.2.2条的规定外，尚应满足下列要求：
　　1　初步查明各岩土层的岩性、分布情况及物理力学性质，重点查明对低置结构工程有控制性影响的不稳定岩土体、软弱土层等不良地质体的分布范围。
　　2　初步评价基底的稳定性，划分岩土施工工程等级，指出低置结构工程设计应注意的事项并提出相关建议。
　　3　初步查明水文地质条件，评价地下水对低置结构工程的影响，提出地下水控制措施的建议。
　　4　对路堤应初步查明软弱土层的分布范围和物理力学性质，提出天然地基的填土允许高度或地基处理建议，对路堤的稳定性进行初步评价；必要时进行取土场勘察。
　　5　对深路堑，应初步查明岩土体的不利结构面，调查沿线天然边坡、人工边坡的工程地质条件，评价边坡稳定性，提出边坡治理措施的建议。

6 对支挡结构，应初步评价地基稳定性和承载力，提出地基基础形式及地基处理措施的建议，并提供墙后岩、土体物理力学性质指标。

条文说明

低置结构工程主要包括一般路基、路堤、路堑、支挡结构及其他的线路附属设施，本条是在满足本规范第5.2.2条的基础上，针对不同的低置结构工程提出了勘察要求。

5.5.2 涵洞工程初步勘察除应符合本规范第5.2.2条的规定外，尚应满足下列要求：

1 初步查明涵洞场地地貌、地层分布和岩性、地质构造、天然沟床稳定状态、隐伏的基岩倾斜面、不良地质作用和特殊性岩土。

2 初步查明涵洞地基的水文地质条件，必要时进行水文地质试验，提供水文地质参数。

3 初步评价涵洞地基稳定性和承载力，提供涵洞设计、施工所需的岩土参数。

5.5.3 低置结构工程、涵洞工程勘探点间距应符合下列规定：

1 每个地貌、地质单元均应布置勘探点，在地貌、地质单元交接部位和地层变化较大地段应加密勘探点。

2 低置结构工程的勘探点间距宜为100~150m，支挡结构、涵洞、路堤应有勘探点控制。

3 陡坡路堤、深路堑至少布置一个地质横断面，间距不应大于200m，每个横断面上勘探点不应少于2个。

条文说明

低置结构工程勘探点间距是在综合各地初勘的经验和设计要求的基础上提出的，对于路堤、陡坡路堤、深路堑等要进行横断面控制。

5.5.4 取样、原位测试的勘探点数量不应少于低置结构、涵洞工程勘探点总数的2/3。

5.5.5 低置结构、涵洞工程的控制性勘探孔深度应满足稳定性评价、变形计算、软弱下卧层验算的要求；路堤工程的勘探点深度不宜小于25m，基底为碎石类土或基岩时，勘探点深度可适当减少；路堑工程、支挡工程勘探点深度宜进入基底以下不小于5m。

5.6 地面车站、车辆基地

5.6.1 车辆基地的低置结构、涵洞工程初步勘察要求应符合本规范第 5.5 节的相关规定。

5.6.2 地面车站、车辆基地的建(构)筑物初步勘察应符合现行国家标准《岩土工程勘察规范》(GB 50021)的有关规定。

6 详细勘察

6.1 一般规定

6.1.1 详细勘察应在初步勘察的基础上,针对中低速磁浮交通各类工程的建筑类型、结构形式、基础埋置深度、地基处理、地下水控制和施工方法等开展工作,满足施工图设计要求。

条文说明

中低速磁浮交通工程结构、建筑类型多,一般包括:高架车站和高架区间、地面车站和地面区间、地下车站和地下区间,以及各类地上、地下通道、过街天桥、出入口、风井、施工竖井、车辆段、停车场、变电站及附属设施等。不同的工程和结构类型的岩土工程问题不同,设计所需的岩土参数不同;地下工程的埋深不同,工程风险不同,因此,需要针对工程的特点、工程的建筑类型和结构形式、结构埋置深度、施工方法提出勘察要求。

本章按照线路不同的敷设形式即高架工程、地下工程、低置结构工程、涵洞工程、地面车站与车辆基地提出勘察要求。

6.1.2 详细勘察工作应根据各类工程场地的工程地质、水文地质和工程周边环境等条件,采用勘探与取样、原位测试、室内试验为主,辅以工程地质调查与测绘、工程物探的综合勘察方法。

6.2 目的与任务

6.2.1 详细勘察应查明各类工程场地的工程地质和水文地质条件,分析评价地基、围岩及边坡稳定性,预测可能出现的岩土工程问题,提出地基基础、围岩加固与支护、边坡治理、地下水控制、周边环境保护方案建议,提供设计、施工所需的岩土参数。

条文说明

中低速磁浮交通工程所遇到的岩土工程问题概括起来主要为各类建筑工程的地基基础问题、隧道围岩稳定问题、天然边坡人工边坡稳定性问题、周边环境保护问题等,为分析评价和解决好这些岩土工程问题，详细勘察阶段需要详细查明其地质条件，提出处理措施建议，提供所需的岩土参数。

6.2.2 详细勘察工作前应搜集拟建工程的平面图、纵断面图、荷载、结构类型与特点、施工方法、基础形式及埋深、地下工程埋置深度及上覆土层的厚度、变形控制要求等资料。

条文说明

为了使勘察工作的布置和岩土工程的评价具有明确的工程针对性，解决工程设计和施工中的实际问题，搜集工程有关资料，了解设计要求是十分重要的工作，也是勘察工作的基本要求。

6.2.3 详细勘察应进行下列工作：
1 查明场地范围内岩土层的类型、年代、成因、分布范围、工程特性，分析和评价地基的稳定性、均匀性和承载能力，提出天然地基、地基处理或桩基等地基基础方案的建议，对需进行沉降计算的建（构）筑物、低置结构等，提供地基变形计算参数。
2 查明不良地质作用的特征、成因、分布范围、发展趋势和危害程度，提出治理方案的建议。
3 查明特殊性岩土的类型、成因、分布、规模、工程性质，分析其对工程的危害程度，提供设计与施工所需的特殊性岩土的物理力学参数。
4 分析边坡的稳定性，提供边坡稳定性计算参数，提出边坡治理的工程措施建议；
5 查明对工程有影响的地表水体分布、水位、水深、水质、防渗措施、淤积物分布及地表水与地下水的水力联系等，分析地表水体对工程可能造成的危害。
6 查明地下水的埋藏条件，提供场地的地下水类型、勘察时水位、水质、岩土渗透系数、地下水位变化幅度等水文地质资料，分析地下水对工程的作用，提出地下水控制措施的建议。
7 判定水和土对建筑材料的腐蚀性。
8 分析工程周边环境与工程的相互影响，提出环境保护措施的建议。
9 应确定场地类别，对抗震设防烈度大于 6 度的场地，应进行液化判别，提出处理措施的建议。
10 在季节性冻土地区，应提供场地土的标准冻结深度。

条文说明

本条规定了详细勘察的具体任务，对其中的第 1 款～第 5 款和第 8 款分别作以下几点说明：

查明场地内的岩土类型、分布、成因等是岩土工程勘察的基本要求。由于线路较长、结构类型、地基基础类型多，差异沉降会给工程结构及运营安全带来危害，在软土地区和地质条件复杂地区经常出现过此类问题。因此，需要提出各类工程地基基础方案建议并对其地基变形特征进行评价。

工程建设一般分布于大中城市、市郊及人员密集的景区一带，对危害人类生命财产安全的重大地质灾害，如滑坡、泥石流、危岩、崩塌的情况较少，且多数进行了治理。但是，线路经过地面沉降区段、砂土液化地段、地下隐伏断裂和第四系地层中活动断裂、地裂缝等情况还是比较常见，这些常见的不良地质作用对中低速磁浮交通工程的施工安全和长期运营造成危害。

地下工程结构复杂、施工工法工艺多，不同工法对地层的适应性不同，例如饱和粉细砂、松散填土层、高承压水地层等地质条件一般会造成矿山法施工隧道掌子面失稳和突涌水、涌砂；软弱土层会导致盾构法施工隧道管片错台、衬砌开裂、渗水等问题。这些工程地质问题会影响地下工程土方开挖、支护体系施工和隧道运行的安全。基坑、隧道岩土压力及计算模型，以及基坑、隧道的支护体系变形是地下工程设计计算的主要内容。岩土工程勘察需要为这些工程问题的解决提供岩土参数。

在山区、丘陵地区或穿越临近环境及工程建设开挖会遇到天然边坡和人工边坡问题。

磁浮工程经常要穿越和跨越江、河、湖、沟、渠、塘等各种类型的地表水体。地表水体是控制线路工程的重要因素，而且施工风险极高，易产生灾难性的后果，同类工程发生过类似事故情况。因此查明地表水体的分布、水位、水深、水质、防渗措施、淤积物分布及地表水与地下水的水力联系等，对工程施工安全风险控制十分重要。

中低速磁浮交通工程一般临近或穿越地下管线、既有其他轨道交通、周边建（构）筑物、桥梁以及文物等工程周边环境，与城市轨道交通工程存在着相互影响；工程周边环境保护是城市轨道交通工程建设的一项重要工作，也是一个难点。因此，根据岩土工程条件及磁浮交通工程的建设特点分析环境与工程的相互作用，提出环境拆、改、移及保护等措施建议，是磁浮交通工程勘察的一项重要工作。

6.3 高架工程

6.3.1 高架工程详细勘察除应符合本规范第 6.2.3 条的规定外，尚应满足下列要求：

1 查明场地各岩土层类型、分布、工程特性和变化规律；确定墩台基础与桩基的持力层，提供各岩土层的物理力学性质指标；分析桩基承载性状，结合当地经验提供桩基承载力计算和变形计算参数。

2 查明不良地质作用和特殊性岩土的分布与特征，分析其对墩台基础和桩基的危害程度，评价墩台地基和桩基的稳定性，提出防治措施的建议。

3 采用基岩作为墩台基础或桩基的持力层时，应查明基岩的岩性、构造、岩面变化、风化程度，确定岩石的坚硬程度、完整程度和岩体基本质量等级，判定有无洞穴、临空面、破碎岩体或软弱岩层。

4 查明水文地质条件，评价地下水对墩台基础及桩基设计和施工的影响；判定水和土对建筑材料的腐蚀性。

5 查明场地是否存在产生桩侧负摩阻力的地层，评价负摩阻力对桩基承载力的影响，并提出处理措施的建议。

6 分析桩基施工存在的岩土工程问题，评价成桩的可能性，论证桩基施工对工程周边环境的影响，并提出处理措施的建议。

7 对基桩的完整性和承载力提出检测的建议。

条文说明

本条根据高架工程大多采用桩基的特点规定了在详细勘察阶段对桩基工程需要重点勘察的要求。需要注意的是，高架线路桩基设计依据的规范主要有现行行业标准《铁路桥涵设计规范》（TB 10002）和《建筑桩基技术规范》（JGJ 94）；勘察时应根据设计单位选用的规范，并结合当地经验提出桩基设计参数。

6.3.2 勘探点的平面布置应符合下列规定：

1 高架车站勘探点应沿结构轮廓线和柱网布置，勘探点间距宜为 15～35m。当桩端持力层起伏较大、地层分布复杂时，应加密勘探点。

2 高架区间勘探点应逐墩布设，地质条件简单时可适当减少勘探点。地质条件复杂或跨度较大时，可根据需要增加勘探点。

条文说明

高架车站的勘探点间距 15～35m，主要是依据场地的复杂程度和柱网间距确定，同时与现行行业标准《建筑桩基技术规范》（JGJ 94）相一致。

高架区间勘探点间距取决于高架桥柱距，目前各城市地铁、磁浮高架桥的柱距一般采用 25m，跨既有铁路、公路线路采用大跨度的柱距一般为 50m。中低速磁浮交通工程高架桥对变形要求较高，一般条件下每柱均应布置勘探点；对地质条件复杂，且跨度较大的高架桥一个柱下可以布置 2～4 个勘探点。对墩台面积大、岩溶发育地段、基岩斜坡、断层破碎带、地层岩性强度差异较大的情况适当增加勘探点。

6.3.3 勘探孔深度应符合下列规定：

1 墩台基础的控制性勘探孔应满足沉降计算和下卧层验算要求。

2 墩台基础的一般性勘探孔应达到基底以下 10～15m 或墩台基础底面宽度的 2～3 倍；在基岩地段，当风化层不厚或为硬质岩时，应进入基底以下中等风化岩石地层 2～3m。

3 桩基的控制性勘探孔深度应满足沉降计算和下卧层验算要求，应穿透桩端平面以下压缩层厚度；对嵌岩桩，控制性勘探孔应达到预计桩端平面以下 3～5 倍桩身设计直径，并穿过破碎带进入稳定地层。

4 桩基的一般性勘探孔深度应达到预计桩端平面以下3～5倍桩身设计直径，且不应小于5m。嵌岩桩一般性勘探孔应达到预计桩端平面以下2～3倍桩身设计直径，且不小于3m。

5 当预定深度范围内存在软弱土层时，勘探孔应适当加深。

6.3.4 高架工程控制性勘探孔的数量不应少于勘探点总数的1/3。取样及原位测试孔的数量不应少于勘探点总数的1/2。

条文说明

中低速磁浮交通运营对变形要求高，需要进行变形计算，必须有一定数量的控制性钻孔、取样及原位测试钻孔，以取得桩侧摩阻力、桩端阻力及变形计算的岩土参数，为确保高架工程的结构安全，规定了控制性钻孔及取样原位测试钻孔数量，其中取样与原位测试钻孔的数量与现行国家标准《岩土工程勘察规范》（GB 50021）的规定一致。

6.3.5 原位测试应根据需要和地区经验选取适合的测试手段，并符合本规范第13章的相关规定；每个车站或区间工程的波速测试孔不宜少于3个。

6.3.6 室内试验应符合本规范第13章的相关规定，并应符合下列规定：

1 当需估算基桩的侧阻力、端阻力和验算下卧层强度时，宜进行三轴剪切试验或无侧限抗压强度试验，三轴剪切试验受力条件应模拟工程实际情况。

2 需要进行沉降计算的桩基工程，应进行压缩试验，试验最大压力应大于自重压力与附加压力之和。

3 桩端持力层为基岩时，应采取岩样进行饱和单轴抗压强度试验，必要时尚应进行软化试验；对软岩和极软岩，可进行天然湿度的单轴抗压强度试验；对无法取样的破碎和极破碎岩石，应进行原位测试。

6.4 地下工程

6.4.1 地下工程包括地下车站主体、出入口、风井、通道，地下区间、联络通道、山岭隧道等。

6.4.2 地下工程勘察除符合本规范第6.2.3条的规定外，尚应符合下列要求：

1 查明各岩土层的分布，提供各岩土层的物理力学性质指标及地下工程设计、施工所需的基床系数、静止侧压力系数、热物理指标和电阻率等岩土参数。

2 在基岩地区应查明岩石风化程度，岩层层理、片理、节理等软弱结构面的产状及组合形式，断裂构造和破碎带的位置、规模、产状和力学属性，划分岩体结构类型，分析隧道偏压的可能性及危害。

3 查明隧道通过地段是否通过煤层、气田、膨胀性地层、采空区、有害矿体及富集放射性物质的地层等，并进行工程地质条件评价。

4 查明不良地质作用、特殊性岩土及对工程施工不利的饱和砂层、卵石层、漂石层等地质条件的分布与特征，分析其对工程的危害和影响，提出工程防治措施的建议。

5 分析地下工程围岩的稳定性和可挖性，按照本规范附录A、附录B进行岩土施工工程分级、围岩分级。提供隧道基坑支护、围岩加固、初期支护和衬砌设计与施工所需的岩土参数。分析隧道开挖、围岩加固及初期支护等可能出现的岩土工程问题，提出防治措施建议。

6 提供基坑支护设计所需的岩土参数，对基坑边坡的稳定性进行评价，分析基坑支护可能出现的岩土工程问题，提出防治措施建议。

7 分析地下水对工程施工的影响，预测基坑和隧道突水、涌砂、流土、管涌的可能性及危害程度。

8 分析地下水对工程结构的作用，对需采取抗浮措施的地下工程，提出抗浮设防水位的建议，提供抗拔桩或抗浮锚杆设计所需的各岩土层的侧摩阻力或锚固力等计算参数，必要时对抗浮设防水位进行专项研究。

9 分析评价工程降水、岩土开挖对工程周边环境的影响，提出周边环境保护措施的建议。

10 对出入口与通道、风井与风道、施工竖井与施工通道、联络通道等附属工程及隧道断面尺寸变化较大区段，应根据工程特点、场地地质条件和工程周边环境条件进行岩土工程分析与评价。

11 对地基承载力、地基处理和围岩加固效果等的工程检测提出建议，对工程结构、工程周边环境、岩土体的变形及地下水位变化等的工程监测提出建议。

条文说明

本条根据地下工程的特点规定了详细勘察阶段需要重点勘察的内容：

地下工程勘察主要包括基坑工程和暗挖隧道工程，除常规岩土物理力学参数外，基床系数、静止侧压力系数、热物理指标和电阻率等是城市轨道交通地下工程设计、施工所需要的重要岩土参数。

同时，由于各设计单位的设计习惯和采用的计算软件不同，勘察时应考虑设计单位的设计习惯提供基床系数或地基土的抗力系数的比例系数。

在运营期间，行车和乘客会散发出大量的热量，若不及时通风排出，将逐日积蓄热量，在围岩中形成热套。在冻结法施工中也涉及热的置换，为此尚需测定围岩的热物理指标，以作为通风设计和冻结法设计的依据。

饱和砂层、卵石层、漂石层、人工空洞、污染土、有害气体等对地下工程施工安全影响很大，应予以查明。

抗浮设防水位是很重要的设计参数，但要预测建（构）筑物使用期间水位可能发生的变化和最高水位有时相当困难，它不仅与气候、水文地质等因素有关，有时还涉及地下水开采、上下游水量调配、跨流域调水等复杂因素，故规定应进行专门研究。抗浮设防水位的确定依据现行国家标准《岩土工程勘察规范》（GB 50021）的相关条文确定。

出入口、通道、风井、风道、施工竖井等附属工程一般位于路口或穿越道路，工程周边环境复杂，通道与井交接部位受力复杂，经常发生工程事故，安全风险较高。因此应进行单独勘察评价。

6.4.3 勘探点间距根据场地的复杂程度、地下工程类别及地下工程的埋深、断面尺寸等特点可按表6.4.3的规定综合确定。

表6.4.3 地下工程勘探点间距（m）

场地复杂程度	复杂场地	中等复杂场地	简单场地
地下车站	10~20	20~40	40~50
地下区间	10~30	30~50	50~60

6.4.4 勘探点的平面布置应符合下列规定：

1 车站主体勘探点宜沿结构轮廓线布置，结构角点以及出入口与通道、风井与风道、施工竖井与施工通道等附属工程部位应有勘探点控制。基坑深度较大或地质条件复杂时，基坑外侧1~2倍的基坑深度范围内宜布置勘探点。

2 每个车站不应少于2条纵剖面和3条有代表性的横剖面。当包含站后配线、停车线等的车站较长时，代表性横剖面的数量应相应增加。

3 车站采用承重桩时，勘探点的平面布置宜结合承重桩的位置布设。

4 地下区间勘探点宜在隧道结构外侧3~5m的位置交叉布置，当双线隧道分开距离超过3倍洞径时，勘探点应按各单线分别布置。

5 山岭隧道应结合地质调绘、物探成果，地貌及地质单元合理布置勘探点。对于埋深小于100m的山岭隧道或沟谷较发育的隧道洞身段，勘探点间距不宜大于500m。

6 在区间隧道洞口、陡坡段、大断面、异型断面、工法变换等部位以及联络通道、渡线、施工竖井、曲线段等应有勘探点控制，并布设剖面。

条文说明

本条要求勘探点平面布置还需考虑工程结构特点、场地条件、施工方法、附属结构、特殊部位的要求。

车站横剖面一般结合通道、出入口、风井的分布情况布设，数量可根据地质条件复杂程度和设计要求进行调整。

在结构范围内布置钻孔容易导致地下水贯通，给工程施工带来危害。隧道采用单线单洞时，左右线距离大于3倍洞径时采用双排孔布置，左右线距离小于3倍洞径或隧道采用双线单洞时可交叉布点。近几年在可溶岩地区采用盾构法施工时，尝试勘探点沿结构的中线布置并结合孔内物探测试对岩溶的探测也取得较好的效果。

6.4.5 勘探孔深度应符合下列规定：

1 地下工程主体部分，控制性勘探孔的数量不应少于勘探点总数的1/3。取样及原位测试孔的数量：车站不应少于勘探点总数的1/2、区间不应少于勘探点总数的2/3。

2 控制性勘探孔的深度应满足地基、隧道围岩、基坑边坡稳定性分析、变形计算以及地下水控制的要求。

3 对车站工程，控制性勘探孔进入结构底板以下不应小于25m或进入结构底板以下中等风化或微风化岩石不应小于5m，一般性勘探孔深度进入结构底板以下不应小于15m或进入结构底板以下中等风化或微风化岩石不应小于3m。

4 对区间工程，控制性勘探孔进入结构底板以下不应小于3倍隧道直径（宽度）或进入结构底板以下中等风化或微风化岩石不应小于5m，一般性勘探孔进入结构底板以下不应小于2倍隧道直径（宽度）或进入结构底板以下中等风化或微风化岩石不应小于3m。

5 当采用承重桩、抗拔桩或抗浮锚杆时，勘探孔深度应满足设计的要求。

6 当预定深度范围内存在软弱土层或空洞、溶洞时，勘探孔应适当加深至稳定持力层。

7 山岭隧道钻探深度应至结构底板以下3～5m；遇岩溶及软弱地层时，应适当加深。

条文说明

本条结合车站主体工程的一般宽度和各城市的勘察经验，给出了勘探孔深度的确定要求。中低速磁浮交通地下工程受各种因素的制约，埋置深度往往在施工图设计阶段还需进行调整。

6.4.6 采取岩土试样和进行原位测试应满足岩土工程评价的要求。每个车站或区间工程每一主要土层的原状土试样或原位测试数据不应少于10件（组），且每一地质单元的每一主要土层不应少于6件（组）。

条文说明

中低速磁浮轨道交通工程设计年限长，为百年大计工程，且工程复杂，施工难度大，变形控制要求高等，有一定数量的控制性钻孔，以及取样及原位测试钻孔以取得满足变形计算、稳定性分析、地下水控制等所需的岩土参数，本条参照现行国家标准

《岩土工程勘察规范》（GB 50021）的相关规定，并考虑到车站工程的钻孔数量比较多，且附属设施需要单独布置钻孔，测试、试验数据数量能满足统计分析要求，将取样和原位测试孔的数量规定为不应少于1/2；区间工程的取样测试孔数量要求严于现行国家标准《岩土工程勘察规范》（GB 50021）的规定，主要考虑区间工程孔间距较大，钻孔数量较少，因此将取样和原位测试孔的数量规定为不应少于2/3。

本条规定的取样和测试的数量主要是考虑工程周边的环境条件一般比较复杂，工程重要性等级高，为了提高工程设计的可靠度，减小参数变异风险，将取样或原位测试数量定为不应少于10组。

6.4.7 原位测试应根据需要和地区经验选取适合的测试手段，每个车站或区间工程的波速测试孔不宜少于3个，电阻率测试孔不宜少于2个。

6.4.8 室内试验应符合下列规定：
1 抗剪强度室内试验方法应根据施工方法、施工条件、设计要求等确定。
2 静止侧压力系数和热物理指标试验数据每一主要土层不宜少于3组。
3 宜在基底以下压缩层范围内采取岩土试样进行回弹再压缩试验，每层试验数据不宜少于3组。
4 对隧道范围内的碎石土和砂土应测定颗粒级配，粉土应测定黏粒含量。
5 应采取地表及地下水水样及地下水位以上各土层的腐蚀性试样，地表水每处不少于1组，地下水不少于2组，多层地下水应分层取样，土样每两米1组，且各土层应有测试土样。
6 基岩地区应在波速测试孔内取岩样进行岩块的弹性波波速测试，岩石的抗压强度试验，必要时应进行岩石软化试验；对软岩、极软岩可进行天然湿度的单轴抗压强度试验。每个场地每一主要岩层的试验数据不应少于3组。
7 盾构法、TBM法施工时宜进行岩石的耐磨性试验，含有大量石英或其他坚硬矿物的地层，应做石英含量分析；提供砂类土、卵石和全风化、强风化岩石的颗粒组成、最大粒径及曲率系数，不均匀系数，耐磨矿物含量，土层的黏粒含量等。

6.4.9 基床系数可通过原位测试、室内试验结合地区经验综合确定。

条文说明

基床系数是中低速磁浮交通地下工程设计的重要参数，其数值的准确性关系到工程的安全性和经济性；对于没有工程经验积累的地区需要进行现场试验和专题研究，当有成熟地区经验时，可通过原位测试、室内试验结合经验值综合确定。

6.4.10 基岩地区应根据需要提供抗剪强度指标、软化系数、完整性指数、岩体基本质量等级等参数。

6.4.11 岩土的抗剪强度指标宜通过室内试验、原位测试结合当地的工程经验综合确定。

6.4.12 当地下水对车站和区间工程有影响时宜布置长期水文观测孔，对需要进行地下水控制的车站和区间工程应进行水文地质试验。

6.5 低置结构工程、涵洞工程

6.5.1 低置结构工程的路基、支挡结构及其附属工程的勘察、涵洞工程勘察除应符合本规范第 6.2.3 条的规定外，还应满足本节要求。

6.5.2 一般路基详细勘察应包括下列内容：
1 查明地层结构、岩土性质、岩层产状、风化程度及水文地质特征；分段划分岩土施工工程分级，评价路基基底的稳定性。
2 应采取岩土试样进行物理力学试验，采取水试样进行水质分析。

6.5.3 路堤详细勘察应包括下列内容：
1 查明基底地层结构，岩土性质，覆盖层与基岩接触面的形态。查明不利倾向的软弱夹层，并评价其稳定性。
2 调查地下水活动对基底稳定性的影响。
3 地质条件复杂的地段及陡坡路堤段应布置横剖面。
4 应采取岩土试样进行物理力学试验，提供地基强度及变形检算的岩土参数。
5 分析基底和斜坡稳定性，提出路基和斜坡加固方案的建议。

条文说明

路堤的基底稳定、变形等是路堤勘察的重点工作。既有铁路、轨道交通工程调查表明，路堤病害绝大多数是由于路堤基底有软弱夹层或对地下水未处理好，其次是填料不合要求，压实不紧密而引起的。为此需要查明基底有无软弱夹层及地下水出露范围和埋藏情况。在填方边坡高及工程地质条件较差地段岩土工程问题较多，设置路基横断面查清地质条件是非常必要的。勘探深度视地层情况与路堤高度而定。

6.5.4 路堑详细勘察应包括下列内容：
1 查明场地的地形、地貌、不良地质作用和特殊性岩土等地质问题；调查沿线天然边坡、人工边坡的工程地质条件；分析边坡工程对周边环境产生的不利影响。
2 土质边坡应查明土层厚度、地层结构、成因类型、密实程度及下伏基岩面形态和坡度。
3 岩质边坡应查明岩层性质、厚度、成因、节理、裂隙、断层、软弱夹层的分布、风化破碎程度；主要结构面的类型、产状及充填物。

4 查明影响深度范围的含水层、地下水埋藏条件、流向、地下水动态，评价地下水对路堑边坡及结构稳定性的影响，需要时应提出路堑结构抗浮设计的建议。

5 分析评价路堑边坡的稳定性，提供边坡稳定性计算参数，提出路堑边坡治理措施的建议。

条文说明

路堑在路基工程中是比较重要的工程，路堑工程涉及挡墙地基稳定性、结构抗浮稳定性等诸多问题，在岩土工程勘察中不可忽视。

路堑受地形、地貌、地层、水文地质、气候等条件影响较大，且边坡又较高，容易出现边坡病害。为了路堑边坡及地基的稳固，避免工程病害出现，勘察工作需按本条基本要求详细查明岩土工程条件，并针对不同情况提出相应的处理措施。

6.5.5 支挡结构详细勘察应包括下列内容：

1 查明支挡地段地形、地貌、不良地质作用和特殊性岩土，地层结构及岩土性质，评价支挡结构地基稳定性和承载力，提供支挡结构设计所需的岩土参数，提出支挡形式和地基基础方案的建议。

2 查明危岩落石、抗滑挡护工程锚固基础的地质条件。

3 查明支挡地段水文地质条件，评价地下水对支挡结构的影响，提出处理措施的建议。

条文说明

挡土墙及其他支挡建筑物是确保路堑等边坡稳固的重要措施。当路堑边坡稳固条件较差，需要设置支挡构筑物时，勘察工作可在详勘阶段结合深路堑工程勘察同时进行。

6.5.6 涵洞详细勘察应符合下列规定：

1 查明地形、地貌、地层、岩性、天然沟床稳定状态、隐伏的基岩斜坡、不良地质作用和特殊性岩土。

2 查明涵洞场地的水文地质条件，必要时进行水文地质试验，提供水文地质参数。

3 应采取勘探、测试和试验等方法综合确定地基承载力，提供涵洞设计所需的岩土参数。

6.5.7 勘探点的平面布置应符合下列规定：

1 一般路基、路堤、路堑、支挡结构勘探点间距可根据场地复杂程度，按表6.5.7的规定综合确定。

表 6.5.7 勘探点间距（m）

复 杂 场 地	中等复杂场地	简 单 场 地
15～30	30～50	50～60

2 陡坡路堤、深路堑、支挡工程、地质条件复杂的路堤、路堑工程，应根据基底和边坡的特征，结合工程处理措施，按照地质横断面布置勘探点，每个工点不少于一个地质横断面，间距不应大于 50m。每个断面的勘探点不宜少于 3 个，地质条件简单时不宜少于 2 个。

3 深路堑工程遇有软弱夹层或不利结构面时，勘探点应适当加密。

4 支挡结构的纵断面应结合路基、涵洞的勘探点进行布置，且勘探点不宜少于 3 个。

5 涵洞的勘探点不宜少于 2 个。

6 道岔区不应少于一个地质横断面，间距不应大于 20m，每个断面勘探点不少于 2 个。

6.5.8 控制性勘探孔的数量不应少于勘探点总数的 1/3，取样及原位测试孔数量应根据地层结构、土的均匀性和设计要求确定，不应少于勘探点总数的 1/2。

6.5.9 勘探孔深度应符合下列规定：

1 控制性勘探孔深度应满足地基、边坡稳定性分析及地基变形计算的要求。

2 一般路基勘探孔深度宜为 5～15m，需进行基底沉降和稳定性检算的路基工程勘探点深度不应小于 25m，当基底为碎石类土或基岩时，勘探点深度可适当减少。

3 路堑的勘探孔深度应能探明软弱层厚度及软弱结构面产状，且穿过潜在滑动面并深入稳定地层内 3～5m，满足支护设计要求；在地下水发育地段，根据排水工程需要适当加深。

4 支挡结构的勘探孔深度应达到支挡结构基底以下不应小于 5m。

5 基础置于土中的涵洞勘探孔深度应按表 6.5.9 的规定确定，并满足变形计算要求。

表 6.5.9 涵洞勘探孔深度（m）

碎 石 土	砂土、粉土和黏性土	软土、饱和砂土等
3～8	8～15	15～20

注：勘探孔深度应由结构底板算起。

6 遇软弱土层时，勘探孔应适当加深。

6.6 地面车站、车辆基地

6.6.1 车辆基地的详细勘察包括站场股道、出入线、各类房屋建筑及其附属设施的勘察。

条文说明

车辆基地的各类房屋建筑一般包括停车列检库、运用库、物资总库、洗车库、办公楼、培训中心等,附属设施一般包括变电站、门卫室、供水井、地下管线、道路等。

6.6.2 车辆基地可根据不同建筑类型分别进行勘察,同时考虑场地挖填方对勘察的要求。

条文说明

车辆基地一般占地范围较大,多为近郊尚未开发或不适合开发的土地,甚至为垃圾场,一般地形起伏大,需要考虑挖填方等场地平整的要求。目前场地平整和股道路基设计时需要勘察单位提供场地的地质横断面图。在填土变化较大时需要提供填土厚度等值线图以及不良土层平面分布图等图件。

根据中低速磁浮交通工程的经验,车辆基地一般需要提供如下图纸、文件:

为进行软土、填土地基处理,勘察报告提供车辆段场坪范围内软土、填土平面分布图,软土顶面、底面等高线图及填土的埋深等高线;湿陷土层的湿陷底界、液化砂层分区图;中等风化岩面等高线图;

为满足填方需要,勘察报告提供填料组别;

车辆基地勘察完毕,尚应进行专门的工程地质断面填图,断面线间距25~30m,断面的水平比例为1:200,竖直比例为1:200。

6.6.3 地面车站、各类建筑及附属设施的详细勘察应按现行国家标准《岩土工程勘察规范》(GB 50021)的有关规定执行。

6.6.4 站场股道及出入线的详细勘察,可根据线路敷设形式按照本规范第6.3节~第6.5节的相关规定执行。

7 施工勘察

7.0.1 施工勘察应针对施工方法、施工工艺的特殊要求和施工中出现的工程地质问题等开展工作，提供地质资料，满足施工方案调整和风险控制的要求。

条文说明

中低速磁浮交通工程尤其是地下工程经常发生因地质条件变化而产生的施工安全事故，因此施工阶段的勘察非常重要。施工阶段的勘察主要包括施工中的地质工作以及施工专项勘察工作。

7.0.2 施工阶段宜开展下列地质工作：

1 研究工程勘察资料，掌握场地工程地质条件及不良地质作用和特殊性岩土的分布情况，预测施工中可能遇到的岩土工程问题。
2 调查了解工程周边环境条件变化、周边工程施工情况、场地地下水位变化及地下管线渗漏情况，分析地质条件与周边环境条件的变化对工程可能造成的危害。
3 施工中应通过观察开挖面岩土成分、密实度、湿度，地下水情况，软弱夹层、地质构造、裂隙、破碎带等实际地质条件，核实、修正勘察资料。
4 绘制边坡和隧道地质素描图，核对基坑、桩基施工地质情况。
5 对复杂地质条件下的暗挖工程应开展超前地质预报。
6 山岭隧道施工中，对可能发生突水、突泥、有害气体、溶洞、地下暗河、坍塌、软岩变形等严重影响施工安全的区段，进行施工勘察，修正勘察资料。
7 必要时对地下水动态进行观测。

条文说明

施工地质工作是施工过程中的必要工作，是信息化施工的重要手段。本条规定了施工中常开展的地质工作，但在实际中不限于这些工作。

隧道超前地质预报主要是加强施工期间的地质工作，进一步查清隧道开挖工作面前方的工程地质与水文地质条件，指导工程施工的顺利进行；降低地质灾害发生的概率和危害程度；为优化工程设计提供地质依据。

超前地质预报可采用地质调查法、超前钻探法、物探法和超前导坑预报法。

7.0.3 遇下列情况宜进行施工专项勘察：

1 场地地质条件复杂、施工过程中出现地质异常，对工程结构及工程施工产生较大危害。

2 场地存在暗浜、古河道、空洞、岩溶、地下暗河、土洞及有害气体等不良地质条件影响工程安全。

3 场地存在孤石、漂石、球状风化体、破碎带、风化深槽等特殊岩土体对工程施工造成不利影响。

4 场地地下水位变化较大或施工中发现不明水源，影响工程施工或危及工程安全。

5 施工方案有较大变更或采用新技术、新工艺、新方法、新材料，详细勘察资料不能满足要求。

6 基坑或隧道施工过程中出现桩（墙）变形过大、基底隆起、涌水、坍塌、失稳等岩土工程问题，或发生地面沉降过大、地面塌陷、相邻建筑开裂等工程环境问题。

7 工程降水，土体冻结，盾构始发（接收）井端头、联络通道的岩土加固等辅助工法需要时。

8 需进行施工勘察的其他情况。

条文说明

施工阶段需进行的专项勘察工作内容主要是从以往勘察和工程施工工作中总结出来的，这些内容往往对轨道交通工程施工的安全和解决工程施工中的重大问题起重要作用，需要在施工阶段重点查明。

由于钻孔为点状地质信息，地质条件复杂时在钻孔之间会出现大的地层异常情况，超出详细勘察报告分析推测范围。施工过程中常见的地质异常主要包括地层岩性出现较大的变化，地下水位明显上升，出现不明水源，出现新的含水层或透镜体。

在施工过程中经常会遇见暗浜、古河道、空洞、岩溶、土洞以及卵石地层中的漂石、残积土中的孤石、球状风化等增加施工难度、危及施工安全的地质条件。这些地质条件在前期勘察工作中虽已发现，但其分布具有随机性，同时受详细勘察精度和场地条件的影响，难以查清其确切分布状况。因此，在施工阶段有必要开展针对性的勘察工作以查清此类地质条件，为工程施工提供依据。

由于勘察阶段距离施工阶段的时间跨度较大，场地周边环境可能会发生较大变化，常见的包括场地范围内埋设了新的地下管线，周边出现新的工程施工，既有管线发生渗漏等。

地下工程施工过程中出现桩（墙）变形过大、开裂，基坑或隧道出现涌水、坍塌和失稳等意外情况，或发生地面沉降过大等岩土工程问题，需要查明其地质情况为工程抢险和恢复施工提供依据。

部分磁浮交通工程尤其是附属工程的施工方案在施工阶段方能确定，详细勘察阶段的地质工作往往缺乏针对性，需要在施工阶段补充相应的岩土工程资料。

7.0.4 对抗剪强度、基床系数、桩端阻力、桩侧摩阻力等关键岩土参数缺少相关工程经验的地区，宜在施工阶段进行现场原位试验。

条文说明

施工阶段由于地层已开挖，为验证原位试验提供了良好条件，本规范建议在缺少工程经验的地区开展关键参数的原位试验为工程积累资料。

7.0.5 施工专项勘察工作应符合下列规定：
1 搜集施工方案、勘察报告、工程周边环境调查报告以及施工中形成的相关资料。
2 搜集和分析工程检测、监测和观测资料。
3 充分利用施工开挖面了解工程地质条件，分析需要解决的工程地质问题。
4 根据工程地质问题的复杂程度、已有的勘察工作和场地条件等确定施工勘察的方法和工作量。
5 对影响工程安全的岩溶洞隙及地下暗河应加强物探、钻探及孔内影像，确定岩溶洞隙的埋深、空间形态，走向、充填和充水情况。分析其对桩基、地基处理、暗挖法施工的影响。
6 针对具体的工程地质问题进行分析评价，并提供所需岩土参数，提出工程处理措施的建议。

条文说明

施工勘察是专门为解决施工中出现的问题而进行的勘察，因此，施工勘察的分析评价，提出的岩土参数、工程处理措施建议应具有针对性。

8 地下水

8.1 一般规定

8.1.1 中低速磁浮交通岩土工程勘察应查明沿线与工程有关的水文地质条件，并应根据工程需要和水文地质条件，评价地下水对工程结构和工程措施可能产生的作用并提出防治措施和建议。

条文说明

工程建设中，地下水对工程影响大，尤其是对地下工程的影响重大，在设计中对地下水控制、结构水土压力计算、结构的抗浮、抗渗和施工工法的选择等均与地下水密切相关，在施工中因地下水问题产生的工程事故频发，因此地下水勘察是岩土工程勘察的重要组成部分。

8.1.2 当水文地质条件复杂或对地基评价、基础抗浮和地下水控制有重大影响时，宜进行水文地质专项勘察。

条文说明

对水文地质条件复杂地段，或地表水体与地下水水力联系紧密地段，应结合工程设置和施工工法要求，对地下水开展专项勘察工作，对地下水的赋存和渗流条件进行专门研究，对地下水位进行长期监测。

8.1.3 地下水勘察应根据工程要求，在搜集已有工程地质和水文地质资料的基础上，采用调查与测绘、钻探、物探、试验、动态观测等多种手段相结合的综合勘察方法。

条文说明

中低速磁浮交通工程多在主城区及城市周边建设，一般情况下城市及周边地下水的研究具有较好的既有研究基础，在勘察阶段应充分收集既有资料，分析研究既有资料前提下，确定综合勘察手段。

8.2 勘察要求

8.2.1 地下水的勘察应包括下列内容：
1 查明地下水的类型和赋存状态、含水层特性与分布规律。
2 搜集年降水量、蒸发量及其变化规律等区域气象资料，评价其对地下水的影响。
3 查明地下水的补给、径流和排泄条件，地表水与地下水的水力联系。
4 查明勘察时的地下水位，调查历史最高地下水位、近3~5年最高地下水位、水位变化趋势和主要影响因素。
5 提供地下水控制所需的水文地质参数。
6 调查是否存在对地下水和地表水的污染源及可能的污染程度。
7 评价地下水对工程结构、工程施工的作用和影响，提出防治措施的建议。
8 必要时评价地下工程修建对地下水环境的影响。

条文说明

本条是中低速磁浮交通工程地下水勘察的基本要求。

历史最高水位是指当地长期观测的历年最高水位记录。水文地质参数在背景资料丰富、研究程度较深的地段可采用当地研究成果确定，对研究成果稀缺或重点工程一般应进行现场水文地质试验及取样室内测试确定。一般的地下水污染可采取试样测试，对于化工等特殊污染建议委托专业部门进行研究。地下水环境脆弱或敏感的地段，需要评价工程修建对地下水补给、径流、排泄条件及地下水水质等的影响。

8.2.2 山岭隧道工程地下水的勘察还应符合下列规定：
1 应查明隧道通过地段的井、泉及地表水体分布及特征。
2 查明不同岩性接触带、断层破碎带、褶皱构造发育带及富水带的位置与分布范围。
3 在岩溶发育区，应查明岩溶的类型、蓄水构造和垂直渗流带、水平径流带的分布位置及特征，分析工程施工诱发地面塌陷和地表水漏失等破坏环境条件的问题，并提出相应工程措施意见。
4 分段预测隧道洞身施工中可能发生的最大及正常涌水量，预测可能发生集中涌水点、段的位置以及对工程的危害程度，并提出工程措施建议。
5 水文地质条件复杂的山岭隧道应进行专门的水文地质勘察与评价工作。

条文说明

隧道修建后，隧道疏排水可能对线路通过地段地表的井、泉及地表水体产生影响，勘察期间应调查井、泉和地表水体的现状。

不同岩性接触带、断层破碎带、褶皱构造发育带及节理裂隙密集发育带等均为潜在的富水带和突涌水发育带，勘察阶段应进行重点分析和研究。岩溶的垂直渗流带、水平径流带和深部缓流带可根据现行行业标准《铁路工程不良地质勘察规程》（TB 10027）规定进行划分。岩溶水的垂直分带对隧道工程的设计高程影响重大，对预测岩溶隧道突涌水具有重要指导意义。

山岭隧道涌水预测可根据现行行业标准《铁路工程水文地质勘察规范》（TB 10049）的规定进行预测。我国隧道涌水预测是伴随技术水平和施工要求的提高，从定性分析的隧道涌水预测发展为隧道涌水的定量评价和计算，主要体现在隧道涌水量和涌水位置的预测两个方面。从可操作性和宏观的角度出发，简易水均衡法和地下水动力学法为常用定量预测方法。其中简易水均衡法常采用地下径流模数法和降水入渗法，地下水动力学法常用古德曼经验式和裘布依理论公式。当有条件时，可以采用其他方法预测隧道涌水量。

（1）地下径流模数法

$$Q_S = M \cdot A \tag{8-1}$$

$$A = L \cdot B \tag{8-2}$$

$$M = \frac{Q'}{F} \tag{8-3}$$

式中：Q_S——隧道正常涌水量（m^3/d）；

M——地下径流模数 [$m^3/(d \cdot km^2)$]；

A——隧道通过含水体地段的集水面积（km^2）；

L——隧道通过含水体的长度（km）；

B——隧道涌水地段 L 长度内对两侧的影响宽度（km）；

Q'——地下水补给的河流的流量或下降泉流量（m^3/d），采用枯水期流量计算；

F——与 Q' 的地表水或下降泉流量相当的地表流域面积（km^2）。

本方法采用假设地下径流模数等于地表径流模数的相似原理，根据大气降水入渗补给的下降泉流量或由地下水补给的河流径流量，求出隧道通过地段的地表径流模数，作为隧道流域的地下径流模数，再确定隧道的集水面积，宏观、概略地预测隧道的正常涌水量。地表径流量测流点宜选择在隧道洞口或洞身附近，代表隧道以上地下水的流量。测流时间宜选择在每年的 1～3 月或 10～12 月，测量时避开雨天，在遇降雨后，需待地表径流量排泄一段时间后量测，一般间隔时间 7～14d。量测资料宜大于 1 个水文年，各勘察阶段均应有量测资料。在同一条沟谷，至少应布置 2 条测试断面，并对量测资料数据进行相互对比。

径流模数计算应在充分分析隧道区的气候、地形地貌、植被、地质和水文地质条件的基础上进行。当径流模数与隧道水文地质条件认识相矛盾时，应分析原因并进行必要的修正，修正系数为 1.2～1.5。

（2）隧道通过潜水含水体且埋藏深度较浅时，可采用降水入渗法预测隧道正常涌水量：

$$Q_S = 2.74\alpha \cdot W \cdot A \tag{8-4}$$

式中：α——降水入渗系数，根据经验数据或实验数据确定；

W——年降水量（mm）；

其他符号意义同上。

大气降水落入地面后，部分渗入地下，具备贮水构造的地区形成含水体（层、带）。隧道通过该含水体，隧道影响范围内渗入补给的水量同隧道排出的水量应保持平衡状态。大气降水渗入地下的水量，由于受到降水量、降水强度、降水次数、地形地貌、植被、地质和水文地质条件的影响，所以预测的只能是宏观控制的大概范围。我国北方普遍降水量偏小，预测的隧道涌水量也比其他方法偏小。本法适用于浅埋隧道。

（3）隧道通过潜水含水体时，可采用古德曼经验公式预测隧道最大涌水量：

$$Q_0 = L \frac{2\pi \cdot K \cdot H}{\ln \frac{4H}{d}} \tag{8-5}$$

式中：Q_0——隧道最大涌水量（m³/d）；

K——渗透系数（m/d）；

H——静止水位至洞身横断面等价圆中心的距离（m）；

d——洞身横断面等价圆直径（m）。

（4）隧道通过潜水含水体时，可采用裘布依理论式预测隧道正常涌水量：

$$Q_S = L \cdot K \frac{H^2 - h^2}{R - r} \tag{8-6}$$

式中：H——洞底以上潜水含水体厚度（m）；

h——洞外水柱高度（m），一般考虑"水跃"值；

r——隧道洞身横断面宽度之半（m）。

裘布依理论式适应于浅埋隧道，当隧道埋深较大时，应准确地确定含水体厚度和涌水时水位降深值，否则预测的涌水量可能偏大。该公式原本是渗渠出水量计算式，隧道属于水平集水廊道，因此用来预测隧道正常涌水量。

隧道通过地段的含水体与隔水体容易区分时，涌水影响宽度值可通过地质调查法预测。隔水体与隧道中心线的距离小于可能影响宽度时，该侧的影响宽度以隔水体为界；当隔水体与隧道中心线的距离大于可能影响宽度时，应采用其他方法确定。隧道通过汇水盆地（洼地、富水构造等）时，该汇水盆地可作为该段隧道的集水面积，其平均宽度可作为隧道涌水影响宽度。新建隧道同某既有隧道（坑道）的地质、水文地质条件相似、水文地质参数相近时，可用水文地质比拟法参考既有隧道（坑道）的涌水影响宽度取值。

8.2.3 应根据地下水类型、含水层地层结构特点等条件，结合地下工程类型和形状，提出地下水控制措施的建议。

8.2.4 地下水对地下工程有重要影响时，应根据工程设置布设水文地质试验孔，通过现场试验测定地层渗透系数等水文地质参数。

8.2.5 对缺乏常年地下水位监测资料的地区或工程周边环境对地下水影响较大的地段，应结合工程设置情况布设一定数量的地下水长期观测孔。

8.2.6 对工程有影响的地下水应取样进行水质分析，判明地下水水质及腐蚀性，水质分析试验应符合现行国家标准的有关规定。

8.3 水文地质参数的测定

8.3.1 水文地质参数的测定方法宜按表 8.3.1 选用。影响半径可通过计算法求得，当工程需要时，可用实测法确定。

表 8.3.1 水文地质参数测定方法

参　　数	测　定　方　法
水位	井、泉、钻孔、探井或测压管观测
渗透系数、导水系数	抽水试验、注水试验、提水试验、压水试验、室内渗透试验
给水度、释水系数	单孔抽水试验、非稳定流抽水试验、地下水位长期观测、室内试验
越流系数、越流因数	多孔抽水试验（稳定流或非稳定流）
单位吸水率	注水试验、压水试验
毛细水上升高度	试坑观测、室内试验

条文说明

水文地质参数的获取常用现场测试和室内试验相结合的方法，表 8.3.1 中给出了常用测试方法。具体工程勘察中，需根据现场工程地质、水文地质条件及工程的重要性等综合分析选择适宜的测试方法。含水层的渗透系数及导水系数一般采用抽水试验、注水试验求得，也可参考表 8-1 中的渗透系数经验值。

表 8-1 岩土的渗透系数经验值

岩土名称	渗透系数 k	
	m/d	cm/s
黏土	<0.001	$<1.2 \times 10^{-6}$
粉质黏土	0.001~0.100	$1.2 \times 10^{-6} \sim 1.2 \times 10^{-4}$
粉土	0.100~0.500	$1.2 \times 10^{-4} \sim 6.0 \times 10^{-4}$
黄土	0.250~0.500	$3.0 \times 10^{-4} \sim 6.0 \times 10^{-4}$
粉砂	0.500~1.000	$6.0 \times 10^{-4} \sim 1.2 \times 10^{-3}$

表 8-1（续）

岩 土 名 称	渗透系数 k	
	m/d	cm/s
细砂	1.000~5.000	$1.2 \times 10^{-3} \sim 6.0 \times 10^{-3}$
中砂	5.000~20.000	$6.0 \times 10^{-3} \sim 2.4 \times 10^{-2}$
均质中砂	35.000~50.000	$4.0 \times 10^{-2} \sim 6.0 \times 10^{-2}$
粗砂	20.000~50.000	$2.4 \times 10^{-2} \sim 6.0 \times 10^{-2}$
均质粗砂	60.000~75.000	$7.0 \times 10^{-2} \sim 8.6 \times 10^{-2}$
圆砾	50.000~100.000	$6.0 \times 10^{-2} \sim 1.2 \times 10^{-1}$
卵石	100.000~500.000	$1.2 \times 10^{-1} \sim 6.0 \times 10^{-1}$
无充填的卵石	500.000~1000.000	$6.0 \times 10^{-1} \sim 1.2$
稍有裂隙岩石	20.000~60.000	$2.4 \times 10^{-2} \sim 7.0 \times 10^{-2}$
裂隙多的岩石	>60.000	$>7.0 \times 10^{-2}$

给水度宜采用抽水试验确定。松散岩类含水层的给水度，可采用室内试验确定；岩石裂隙、岩溶的给水度，可采用裂隙率、岩溶率代替。有经验的地区，可采用经验值。松散类岩土给水度可参考表 8-2 的经验值。

影响半径 R 的常用计算公式见表 8-3；影响半径 R 的经验值可参考表 8-4。

表 8-2 松散类岩土给水度经验值

岩 土 名 称	给 水 度	岩 土 名 称	给 水 度
粉砂与黏土	0.10~0.15	粗砂及砾石砂	0.25~0.35
细砂与泥质砂	0.15~0.20	黏土胶结的砂岩	0.20~0.30
中砂	0.20~0.25	裂隙灰岩	0.008~0.1

表 8-3 影响半径 R 计算公式

计算公式		适用条件	备 注
$\lg R = \dfrac{1.366k(2H-s_w)s_w}{Q}\lg r_w$	$\lg R = \dfrac{2.73kMs_w}{Q} + \lg r_w$	无观测孔完整井抽水时	精度较差，结果一般偏大
$\lg R = \dfrac{s_w(2H-s_w)\lg r_1 - s_1(2H-s_1)\lg r_w}{(s_w-s_1)(2H-s_w-s_1)}$	$\lg R = \dfrac{s_w \lg r_1 - s_1 \lg r_w}{s_w - s_1}$	有一个观测孔完整抽水时	
$\lg R = \dfrac{s_1(2H-s_1)\lg r_2 - s_2(2H-s_2)\lg r_1}{(s_1-s_2)(2H-s_1-s_2)}$	$\lg R = \dfrac{s_1 \lg r_2 - s_2 \lg r_1}{s_1 - s_2}$	两个观测孔	精度可靠
$R = 2d$		近地表水体单孔抽水时	—
$R = 2s\sqrt{Hk}$	—	计算松散含水层单井、井群或基坑抽水初期 R 值	对直径很大的单井或井群计算出的 R 值过大，计算基坑 R 值偏小
—	$R = 10s\sqrt{k}$	计算承压水抽水初期的 R 值	结果为概略值

表 8-4　根据单位出水量、单位水位下降确定影响半径 R 经验值

单位出水量 [L/(s·m)]	单位水位降低 [m/(L·s)]	影响半径 R (m)
>2	≤0.5	300~500
2~1	1~0.5	100~300
1~0.5	2~1	60~100
0.5~0.33	3~2	25~50
0.33~0.2	5~3	10~25
<0.2	>5	<10

8.3.2 遇地下水应量测水位。当场地存在对工程有影响的多层含水层时，应分层量测地下水位。

条文说明

多层地下水分层水位及承压水水头的准确量测，对地下工程、基坑支护等的设计与施工十分重要，勘察期间应引起足够重视，选用适宜的方法分层止水以便量测分层地下水位，或设置分层观测孔对地下水位进行观测。

8.3.3 初见水位和稳定水位可在钻孔、探井和测压管内直接量测。量测稳定水位的间隔时间应按地层的渗透性确定。从停钻至量测的时间砂土和碎石土不宜少于 0.5h，粉土和黏性土不得少于 8h。对位于地表水体旁的勘探孔，应同时量测地表水水位。水位量测读数至厘米，精度不得低于 ±2cm，并注明量测时间。

8.3.4 测定地下水流向可用几何法，量测点不应少于呈三角形分布的 3 个测孔（井）。测点间距按岩土的渗透性、水力梯度和地形坡度确定，宜为 50~150m。应同时量测各孔（井）内水位，确定地下水的流向。地下水流速的测定可采用指示剂法或充电法。

条文说明

三点法测定地下水流向是沿等边三角形（或近似的等边三角形）的顶点布置钻孔，三点间孔距取 50~150m，以钻孔中水位高程编绘等水位线图。垂直等水位线并向水位降低的方向为地下水流向。地下水流向也可采用人工放射性同位素单井法进行测定。其原理是用放射性示踪溶液标记井孔水柱，让井中的水流入含水层，然后用一个定向探测器测定钻孔各方向含水层中示踪剂的分布，在一个井中确定地下水流向。这种测定可在用同位素单井法测定流速的井孔内完成。地下水流速可利用水力坡度求得，根据三点中

的地下水水位高程，绘制等水位线图、地下水流向，求出相邻两等水位间的水力坡度，然后利用式（8-7）计算地下水流速。

$$V = k \cdot I \tag{8-7}$$

$$v' = \frac{V}{n} \tag{8-8}$$

$$v' = \frac{k \cdot I}{n} \tag{8-9}$$

式中：V——地下水的渗透速度（m/d）；
　　　k——渗透系数（m/d）；
　　　I——水力坡度；
　　　v'——地下水实际流速（平均）（m/h）；
　　　n——孔隙度。

利用指示剂进行现场测定流速，要求被测量的钻孔能代表所要查明的含水层，钻孔附近的地下水流为稳定流，呈层流运动。根据已有三点资料确定地下水流动方向后，在上、下游设置投剂孔和观测孔来实测地下水流速。为防止指示剂绕过观测孔，可在其两侧0.5~1.0m各布一辅助观测孔。投剂孔与观测孔的间距决定于岩石（土）的透水性。根据试验观测资料绘制观测孔内指示剂随时间的变化曲线，并选指示剂浓度高峰值出现时间（或选用指示剂浓度中间值对应时间）来计算地下水流速。

$$v' = \frac{L}{t} \tag{8-10}$$

式中：L——投剂孔与观测孔距离（m）；
　　　t——观测孔内浓度峰值出现所需时间（h）。

渗透速度v可按$v = nv'$公式换算得到，其中n为孔隙度。

用充电法测定地下水的流速适用于地下水位埋深不大于5m的潜水。

8.3.5 含水层的透水性根据渗透系数k，按表8.3.5划分。

表8.3.5 含水层的透水性

类别	特强透水	强透水	中等透水	弱透水	微透水	不透水
k（m/d）	$k>200$	$10 \leq k \leq 200$	$1 \leq k < 10$	$0.01 \leq k < 1$	$0.001 \leq k < 0.01$	$k < 0.001$

8.3.6 抽水试验和注水试验宜布置在地下工程地段，应距隧道外侧3~5m；对潜水与承压水应分别进行抽水试验。

8.3.7 抽水试验应符合下列规定：

1 抽水试验方法可按表8.3.7选用。
2 抽水试验宜三次降深，最大降深应接近工程设计所需的地下水位降深的高程。
3 水位量测应采用同一方法和仪器，读数对抽水孔应精确到厘米，对观测孔为毫米。

表 8.3.7 抽水试验方法和应用范围

试 验 方 法	应 用 范 围
钻孔或探井简易抽水	粗略估算弱透水层的渗透系数
不带观测孔抽水	初步测定含水层的渗透性参数
带观测孔抽水	较准确测定含水层的各种参数

4 当涌水量与时间关系曲线和动水位与时间关系曲线，在一定范围内波动，而没有持续上升或下降时，可认为已经稳定。稳定水位的延续时间：卵石、圆砾、砾砂和粗砂含水层为 8h，中砂、细砂和粉砂含水层为 16h，基岩含水层（带）为 24h。

5 抽水结束后应量测恢复水位。

条文说明

抽水试验是求算含水层的水文地质参数较有效的方法，岩土工程勘察中一般用稳定流抽水试验即可满足要求，正文表 8.3.7 所列的应用范围，可结合工程特点、勘察阶段及对水文地质参数精度的要求进行选择。

为得到较符合实际的数据，抽水试验和注水试验孔应紧邻地下工程段落布设。抽水试验中最大水位降深应接近工程设计的水位高程。试验孔和观测孔的水位量测采用同一方法和标定后的器具，可以减少相对误差。观测孔中地下水位不受抽水泵和抽水时水面波动的影响，水位下降较小，且直接影响水文地质参数计算的精度，因此对观测孔的水位量测精度应读数至毫米。

8.3.8 注水试验可在试坑或钻孔中进行，注水试验分为常水头和变水头注水试验。砂、卵砾石等强透水地层宜采用常水头注水试验；粉砂、粉土、黏性土等弱透水层宜采用降水头注水试验。注水试验完成后应绘制 Q-t 或 t-$\ln(H_t/H_0)$ 曲线。

条文说明

钻孔注水试验通常用于地下水位埋深较深且不便于进行抽水试验情况，或在干的透水岩（土）层中通过注水试验获取渗透性资料。试坑注水试验是野外测定包气带非饱和岩（土）层渗透系数的简易方法，最常用的是试坑法、单环法和双环法。

8.3.9 压水试验应根据工程要求，结合工程地质测绘和钻探资料，确定试验孔位，按岩层的渗透特性划分试验段，按需要确定试验的起始压力、最大压力和压力级数，绘制 P-Q 曲线，确定 P-Q 曲线类型，计算试验段透水率、渗透系数。

条文说明

压水试验主要是为了探查天然岩（土）层的裂隙性和渗透性，获得单位吸水量等参数。常规性的压水试验为吕荣试验，该方法是1933年吕荣（M. Lugeon）首次提出，为我国和大多数国家采用；成果表达采用透水率，单位为吕荣（Lu）。压水试验段的长度一般为5m，若岩芯完好（$q<10Lu$）时，可适当加长试验段长度，但不宜大于10m。对透水性较强的构造破碎带、岩溶、砂卵石层等，可根据具体情况确定试验段长度。

8.3.10 土中孔隙水压力的测定应符合下列规定：

1 测定方法可按表8.3.10确定。

表8.3.10 孔隙水压力测定方法和适用条件

仪器类型		适用条件	测定方法
测压计式	立管式测压计	渗透系数大于10^{-4}cm/s的均匀孔隙含水层	将带有过滤器的测压管打入土层，直接在管内量测
	水压式测压计	渗透系数低的土层，量测由潮汐涨落、挖方引起的压力变化	用装在孔壁的小型测压计探头，地下水压力通过塑料管传导至水银压力计测定
	电测式测压计（电阻应变式、钢弦应变式）	各种土层	孔压通过透水石传导至膜片，引起挠度变化，诱发电阻片（或钢弦）变化，用接收仪测定
	气动测压计	各种土层	利用两根排气管使压力为常数，传来的孔压在透水元件中的水压阀产生压差测定
孔压静力触探仪		各种土层	在探头上装有多孔透水过滤器、压力传感器，在贯入过程中测定

2 测试点位置应根据地质条件和分析需要布置。
3 测压计的安装和埋设应符合有关安装技术规定。
4 测试数据应及时分析整理，出现异常时应分析原因，并采取相应措施。

条文说明

孔隙水压力的测定有利于分析和研究土体的变形和稳定性。目前我国测定孔隙水压力，多使用振弦式孔隙压力计，即电测式测压计和数字式钢弦频率接收仪。孔隙水压力试验点的布置，应考虑地层性质、工程要求、基础形式等。测压计的埋设和安装直接影响测试成果的正确性，埋深前必须进行标定。安装时将测压计探头放置到预定深度，其上覆盖30cm砂均匀充填，并投入膨润土球，经压实注入泥浆密封，泥浆的配合比为4（膨润土）:8~12（水）:1（水泥）。地表部分应有保护罩以防水灌入。试验成果应提供孔隙水压力与时间变化的曲线图和剖面图（同一深度），孔隙水压力与深度变化曲线图。

8.4 地下水作用评价和控制

8.4.1 中低速磁浮交通岩土工程勘察应评价地下水的作用和影响，根据施工方法、开挖深度、含水层岩性和地层组合关系、地下水资源和环境要求及地区经验提出适宜的地下水控制方法和预防措施建议。

条文说明

地下水对中低速磁浮交通岩土工程勘察、设计和施工的影响，是一个极为重要的问题，因此，在工程勘察中应对其作用进行预测和评估，提出评价的结论，并对地下水控制提出建议。地下水对岩土体和中低速磁浮交通工程的作用，按其机制可以划分为两类。一类是力学作用，一类是物理、化学作用。力学作用原则上可以定量计算，通过力学模型的建立和参数的测定，用解析法或数值法得到合理的评价结果。很多情况下，还可以通过简化计算，得到满足工程要求的结果。由于岩土特性的复杂性，物理、化学作用有时难以定量计算，可以通过分析，得出合理的评价。

8.4.2 地下水力学作用的评价应包括下列内容：

1 对基础、地下结构物和挡土墙，应考虑在最不利组合情况下，地下水对结构物的上浮作用，提供抗浮设防水位；对节理不发育的岩石和黏土可根据地方经验或实测数据确定；有渗流时，地下水的水头和作用宜通过渗流计算进行分析评价。

2 验算边坡稳定时，应考虑地下水对边坡稳定的不利影响。

3 在地下水位下降的影响范围内，应考虑地面沉降及其对工程的影响；当地下水位回升时，应考虑可能引起的回弹和附加的浮托力。

4 在有水头压差的粉细砂、粉土地层中，应分析评价地下水自下向上渗流产生潜蚀、流土、管涌的可能性。

5 在地下水位下开挖基坑或地下工程时，应根据岩土的渗透性、地下水补给条件，分析评价降水或隔水措施的可行性及其对基坑稳定和临近工程的影响。

条文说明

地下水力学作用及评价方法说明如下：

地下水对地下工程的浮力作用，是最明显的一种力学作用。在静水环境中，浮力可以用阿基米德原理计算。一般认为，在透水性较好的土层或节理发育的岩石地基中，计算结果即等于作用在基底的浮力。对于渗透系数很低的黏土来说，上述原理原则上也是适用的，但是有实测资料表明，由于渗透过程的复杂性，黏土中基础所受到的浮托力往往小于水柱高度，只有在具有地方经验或实测数据时，可根据实际情况进行一定的折减。对于节理不发育的岩体，尚缺乏必要的理论依据，很难确切定量，故本款规定，有经验或实测数据时，按经验或实测数据确定。

在渗流条件下，由于土单元体的体积 V 上存在与水力梯度 i 和水的重力密度 γ_w 呈正比的渗透力（体积力）J

$$J = i\gamma_w V \tag{8-11}$$

造成了土体中孔隙水压力的变化，因此，浮力与静水条件下不同，应该通过渗流分析得到。

无论用何种极限平衡条分方法验算边坡稳定性，孔隙水压力都会对各分条底部的有效应力条件产生重大影响，从而影响最后的分析结果。当存在渗流条件时，和上述原理一样，渗流状态还会影响到孔隙水压力的分布，最后影响到安全系数的大小。因此条文对边坡稳定性分析中地下水作用的考虑作了原则规定。

渗流作用可能产生潜蚀、流土或管涌现象，造成破坏。以上几种现象，都是因为基坑底部某个部位的最大渗流梯度 i_{max} 大于临界梯度 i_{cr}，致使安全系数 F_s 不能满足要求：

$$F_s = \frac{i_{cr}}{i_{max}} \tag{8-12}$$

从土质条件来判断，不均匀系数小于10的均匀砂土，或不均匀系数虽大于10，但含细粒量超过35%的砂砾石，其表现形式为流砂或流土；正常级配的砂砾石，当其不均匀系数大于10，细粒含量小于35%时，其表现形式为管涌；缺乏中间粒径的砂砾石，当细粒含量小于20%时为管涌，大于30%时为流土。以上经验可供分析评价时参考。

在防止由于深处承压水的水压力而引起基坑隆起，需验算基坑底部不透水层厚度与承压水水头压力，见图8-1，并按式（8-13）进行计算：

$$\gamma H = \gamma_w \cdot h \tag{8-13}$$

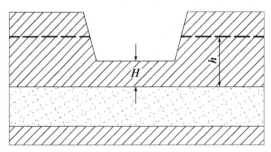

图8-1 基坑底部最小不透水层厚度

基坑开挖后不透水层的厚度按式（8-14）进行验算：

$$H \geq \frac{\gamma_w}{\gamma} \cdot h \tag{8-14}$$

式中：H——基坑开挖后不透水层的厚度（m）；

γ——土的重度；

γ_w——水的重度；

h——承压水头高于含水层顶板的高度（m）。

以上公式中当 $H = (\gamma_w/\gamma) \cdot h$ 时处在极限平衡状态，工程实践中，应有一定的安全度。

基坑开挖需降低地下水位时，需考虑的主要问题有：能否疏干基坑内的地下水，得到便利安全的作业面；在造成水头差条件下，基坑侧壁和底部土体是否稳定；由于地下水位的降低，是否会对工程临近建筑、道路和地下水设施造成不利影响。

8.4.3 地下水的物理、化学作用的评价应包括下列内容：

1 对地下水位以下的工程结构，应评价地下水对建筑材料的腐蚀性。

2 对软质岩、强风化岩石、残积土、湿陷性土、膨胀岩土和盐渍岩土，应评价地下水的聚集和散失所产生的软化、崩解、湿陷、胀缩和潜蚀等有害作用。

8.4.4 地下水、土对建筑材料的腐蚀性评价应符合现行国家标准《岩土工程勘察规范》（GB 50021）的有关规定。

条文说明

8.4.3、8.4.4 地下水即使是在赋存条件和水质基本不变的前提下，对岩土体和工程结构及基础的作用也是一个渐变的过程，开始时可能不太明显且不被注意，一旦危害明显就难以处理。由于受环境，特别是人类活动的影响，地下水位和水质可能发生变化。所以在勘察阶段要注意调查研究，在充分了解地下水赋存环境和岩土体条件的前提下做出合理的预测和评价。

8.4.5 工程降水应符合下列规定：

1 施工中地下水位应保持在基坑底面以下 0.5~1.0m。

2 降水过程中应采取有效措施，防止土颗粒的流失。

3 防止深层承压水引起的突涌，必要时应采取措施降低工程基底以下的承压水头。

条文说明

施工中地下水位降至开挖面以下一定距离（砂土应大于 0.5m，黏性土和粉土应大于 1m）是为了避免由于土体中毛细作用使槽底土质处于饱和状态，在施工活动中收到严重扰动，影响地基的承载力和压缩性。在降水过程中如不满足有关规范要求，带出土颗粒，有可能使基底土体受到扰动，严重时可能影响工程的安全和正常使用。

8.4.6 工程降水应根据含水层渗透性和施工要求，选用适当的降水方法，可按表 8.4.6 的规定选用。当几种方法有互补性时，可组合使用。

表 8.4.6 降水方法的适用范围

名称		适用地层	渗透系数 k (m/d)	水位降深 (m)
集水坑明排		风化岩石、黏性土、砂土	<20.0	<2
井点降水	电渗井点	黏性土	<0.1	<6
	喷射井点	填土、黏性土、粉土、粉砂	0.1~20.0	8~20
	真空井点	黏性土、粉土、粉砂、细砂	0.1~20.0	单级<6、多级<20
管井		砂土、碎石土、岩溶、裂隙	1.0~200.0	>5
大口井		砂土、碎石土	1.0~200.0	5~20
辐射井		黏性土、粉土、砂土	0.1~20.0	<20
引渗井		黏性土、粉土、砂土	0.1~20.0	将上层水引渗到下层含水层

8.4.7 采用降水方法进行地下水控制时，应分析评价工程降水可能引起的工程环境问题：

1 评价降水对工程周边环境的影响程度。

2 评价降水形成区域性降落漏斗和引发地下水补给、径流、排泄条件的改变；对滨海地区的工程降水，应分析海水入侵的可能，防止淡水资源遭受污染。

3 采用管井降水方法时，应评价土层颗粒流失对工程周边环境的影响。

4 采用减压井降水方法时，应分析评价基底稳定性和水位下降对工程周边环境的影响。

条文说明

工程降水应重视工程环境问题，结合当地经验，选择恰当合适的降水方法。对滨海地区的工程降水应注意防止海水入侵和淡水资源遭受污染；降水施工的水和泥浆应进行处理，防止污染城市环境和影响土地功能；降水过程中应密切关注地面沉降和地下水资源的消耗。关于降水引起的地面沉降应按照相关规范和手册进行估算，做好工程降水设计。

8.4.8 采用帷幕隔水方法时，应分析截水帷幕的深度、施工工艺的可行性，并分析施工中存在的风险。

8.4.9 采用引渗方法时，应评价上层水的下渗效果及对下层水环境的影响。

条文说明

引渗井降低地下水位是把上层含水层的地下水通过井孔引导渗入下层含水层，使其水位满足降水要求。采用引渗井降水时，应分析评价地下水的水质，要求上部含水层的水质应符合下部含水层水质标准，以保护地下水资源和环境，不满足该前提时，不宜采用此类方法。

8.4.10 采用回灌方法时，应评价同层回灌或异层回灌的可能性，异层回灌时应评价不同含水层地下水混合后对地下水环境的影响。

条文说明

　　抽水降低地下水位时，进行地下水回灌，可以保障基坑周边地面不发生沉降，又可以保障地下水资源不受施工降水的影响。地下水回灌可以在同层中进行，也可以在异层进行。同层回灌时，回灌井与抽水井之间应满足一定的距离，保证回灌的水量不能过多地流入抽水井，加大抽取水量，该方法对场地规模要求较高。异层回灌应分析评价抽水层和回灌层地下水的水质，避免地下水水质及水环境发生变化，以保护地下水资源。

9 不良地质作用

9.1 一般规定

9.1.1 滑坡、危岩、落石和崩塌、岩堆、泥石流、岩溶、人为坑洞、地裂缝、地面沉降、地震、有害气体等不良地质作用的勘察应符合本章规定；对工程有影响的其他不良地质作用应按照国家现行有关规范、规程进行勘察。

条文说明

本规范列入的不良地质作用在工程建设中常有涉及，对中低速磁浮交通工程线路方案、施工方案、工程造价、工期等会影响重大，是岩土工程勘察工作中的重点内容。对于其他未列入的不良地质作用，如果在勘察工作中遇到，需根据国家现行有关规范、规程的要求开展相应工作。

9.1.2 不良地质作用的勘察应在地质调查与测绘的基础上，根据不同勘察阶段和各种不良地质类型，应用遥感、物探、钻探、原位测试、现场监测等方法，结合室内试验进行综合勘探和综合分析。

9.1.3 应查明工程沿线不良地质作用的类型、成因、分布及发育规律，分析其对线路的危害，评价对工程的影响程度，以及工程施工及运营对不良地质作用的诱发和影响，提出规避或防治的建议，满足工程设计、施工、运营及线路周边工程环境保护的需要。

9.1.4 对地下工程附近的燃气、油气管道渗漏、化学污染、人工有机物堆积、化粪池等产生、储存有害气体地段，应按本章有关规定进行有害气体的勘察与评价，并提出处理建议。

9.1.5 控制线路及工程方案、影响工程安全的复杂不良地质作用或地段，且无法规避时，应开展专项地质勘察工作或加深地质工作。

条文说明

活动断裂、地裂缝的位置和活动性对中低速磁浮交通工程线路方案和工程敷设形式的选择影响重大，因此应对其进行专项研究。

9.1.6 设计选线、施工、运营阶段，均应重视地质灾害防治工作，必要时要对有重大影响的不良地质体开展监测工作。预测不良地质发展趋势，并采取防治措施。

9.2 滑坡

9.2.1 具备下列条件或特征的坡体，应按滑坡开展工作：
1 沿软弱地层或结构面整体下移的坡体。
2 坡体后缘呈明显的圈椅状地貌，有较陡的后壁，其上有时可见擦痕。
3 坡面不顺直呈无规则的台阶状，其上有洼地分布，坡脚有时可见膨胀裂缝。
4 前缘侵占或挤压沟（河）床，呈舌状突出，多出露泉水或湿地。
5 两侧坡脚地层多有扰动和松动现象。
6 有产生滑坡的记录。

条文说明

滑坡产生主要受地层结构、地质构造和水文地质条件等因素的控制，它多发生在有易滑地层，有软硬岩石互层或层间结构面错动、有软弱夹层及动水压力等地段。滑坡的发生和发展往往会在地表出现较为明显的痕迹，本条罗列了滑坡常见地面特征表现形式和相关记录。

9.2.2 滑坡根据滑坡体物质成分可分为黏性土、膨胀土、黄土、堆积土、填土、破碎岩体、岩体滑坡；根据滑坡体体积可分为巨、大、中、小型滑坡，可按表9.2.2-1进行分类；根据滑坡面埋藏深度可分为浅层、中层、深层滑坡，可按表9.2.2-2进行分类；层状岩体滑坡可分为顺层和切层滑坡；根据形成原因可分为自然和工程滑坡。

表 9.2.2-1 滑坡按滑坡体的体积分类

滑坡类型	小型滑坡	中型滑坡	大型滑坡	巨型滑坡
滑坡体体积 V（m³）	$V < 4 \times 10^4$	$4 \times 10^4 \leq V < 3 \times 10^5$	$3 \times 10^5 \leq V < 1 \times 10^6$	$V \geq 1 \times 10^6$

表 9.2.2-2 滑坡按滑动面埋深分类

滑坡类型	浅层滑坡	中层滑坡	深层滑坡
滑动面埋深 H（m）	$H < 6$	$6 \leq H \leq 20$	$H > 20$

9.2.3 滑坡地段工程地质调查与测绘应包括下列内容：
1 搜集地质、水文、气象、地震和人类活动等相关资料。
2 调绘范围应包括滑坡及其影响地段。

3 查明滑坡地段的地形、地貌、微地貌特征及其环境条件。

4 查明地层层序、岩性及滑床的形态特征、滑带土的物理力学性质，圈定滑坡周界，评价其稳定程度。

5 查明地质构造和岩体结构面的产状、性质及特征，应对软弱结构面进行认真分析。

6 调查滑带水和地下水的情况、泉水出露地点及流量，地表水体、湿地的分布、变迁以及植被情况。

7 调查植被、树木等的异态，工程设施的变形等。

8 查明滑坡整治建（构）筑物地基地质条件，调查滑坡的发展历史、危害，及当地滑坡的勘察、设计资料和治理经验。

9 对滑坡体重点部位应摄影或录像。

条文说明

本条规定了与滑坡地段岩土工程地质条件评价密切相关的9款内容，但是对于不同地区和不同地质条件下滑坡的形成和发育情况存在差异，可结合工程区实际情况对条款中的内容进行确认。滑坡的形成与所处的自然环境和地质环境密切相关，因此滑坡的地质勘察应搜集和研究当地的气象、水文、区域地质及地震资料，注意查明各项滑坡要素及滑坡形成的地形地貌、地层岩性、地质构造及水文地质等条件。例如，对于岩质滑坡查明地质构造是很重要的。通常情况下，滑坡发生的原因以及滑动周界的范围大小往往与地质构造有直接关系，应加强对各类结构面的调绘与分析。

工程地质调查与测绘时不但要注意对"自然滑坡"的识别与防治，同时还需对工程可能引起的滑坡给予足够重视。对那些虽然在自然状态下稳定，但由于工程施工、环境地质条件改变可能造成失衡的坡体（如在基岩山坡上有厚层的坡积层，或软硬岩层相间并倾向线路，且有地下水活动），在工程地质调查与测绘过程中应加以特别注意，应全面分析各类结构面的形态，特别应注意不利结构面的调查分析，准确地判明或预测山坡因工程活动而可能引起的稳定性变化，是非常重要的。

9.2.4 滑坡地段的勘探应符合下列规定：

1 宜采用钻探、井探或槽探、触探和物探相结合的综合勘探方法；采用钻探时，在主滑动面附近应采用适宜的钻探工艺，不应开水钻进。

2 勘探线和勘探点的布置应根据工程地质条件、地下水情况、滑坡形态及可能设置整治工程设计的需要确定，除沿主滑方向轴线布置勘探线外，在其两侧及滑坡体外也应适当布置一定数量的勘探线。

3 勘探点间距不宜大于40m，每个地质断面上不宜少于3个勘探点，地质条件复杂地段应适当加密，在滑坡体转折处和预计采取工程措施的地段，应布置勘探点。

4 勘探孔的深度应满足稳定性评价及工程整治的要求，勘探孔应穿透最下一层滑动面至稳定岩土层内不小于3m，对于多次滑动或滑动面有向深部发展的可能时，勘探点深度应适当加深，钻入基岩的深度不小于滑坡体最大块石直径的 1.5 倍。

5 在钻探过程中，应注意钻进过程中的钻进速度、量测缩孔、掉块、漏水、套管变形部位等的异常情况，及时记录岩芯颜色变化、潮湿程度、地下水情况、软弱面（带）的位置和特征，必要时进行水文地质试验。对于正在活动的滑坡可设置测斜管监测滑坡动态。

6 物探断面宜与钻探断面一致。

7 在滑坡体、滑动面（带）、软弱夹层及稳定地层中均应采取岩、土、水试样，进行物理力学试验和水质分析，必要时应对岩样进行切片和黏土矿物鉴定。

条文说明

滑坡地段的勘探工作主要是为滑坡稳定性分析及整治工程设计提供准确资料，在勘探过程中应重点关注滑动面和水文地质情况。滑坡采用综合勘探手段进行，取得的资料可互为补充，互相验证，有利于提高勘察质量。例如，在滑坡勘探中，探井可以直接观察滑动面情况，并有利于采取包括滑动面的土样；动力触探、静力触探常有助于发现和寻找滑动面。

滑坡勘察的工作量，由于滑坡的规模不同，滑动面的形状不同，很难做出统一的具体规定，应由勘察人员根据实际情况进行确定，一般情况下勘探点的间距不宜大于 40m，但对规模小的滑坡，勘探点的间距应慎重考虑。对复杂地段还应在滑体外布置必要的钻孔，进行地层、岩性和地下水情况的对比。

滑动面（带）的鉴定，是一项细致、复杂又十分重要的工作，既要防止仅凭少数钻孔中的软弱夹层或含水点确定滑动面，也要防止简单地把堆积层与基岩接触面作为滑动面，要综合分析，互相验证，慎重判认：

（1）要充分利用地质调绘成果，结合滑坡周界、可能滑动层位、水文地质条件等资料确定滑动面；必要时，取样进行岩矿电子扫描鉴定，根据矿物排列的方式与方向确定滑动面及滑动方向；

（2）要区分构造擦痕与滑坡擦痕。一般情况下，构造擦痕常有烘烤现象；滑坡擦痕，多将构造擦痕切断，滑面底常有薄层黏土富集；

（3）土质滑坡可能有数层软弱夹层，其滑面也可能不是单一的，可能是数个塑性滑面的组合；

（4）勘察中应注意地层产状、层位的变化、钻探中的异常情况（如塌孔、缩孔、卡钻、落钻、掉块、漏水等），以及土石结构有无扰动等现象。

滑坡勘探中需重视地下水问题，如含水层层数、位置、水量、水压、补给来源等。

9.2.5 滑坡勘察时，土的强度试验应符合下列要求：

1 采用室内、野外滑面重合剪，滑带宜作重塑土或原状土多次剪切试验，并求出多次剪和残余剪的抗剪强度。

2 有条件时，宜在滑动带处进行大面积剪切试验。

3 地下水发育时应进行水文地质试验，量测滑坡体内各含水层的水位，并对地表、地下水分别进行水质分析，必要时进行地下水流速，流向测试。

条文说明

由于影响滑坡稳定的因素众多，且滑动面（带）的物质组成较复杂，为滑坡稳定性分析提供依据的测试方法不宜单一，应结合抗剪强度试验、力学指标反算等综合手段。

9.2.6 滑坡的稳定性计算应符合下列要求：
1 选择代表性的分析断面，划分牵引段、主滑段和抗滑段。
2 强度指标的选用宜根据测试成果、反分析和当地经验综合确定。
3 有地下水时，应计入浮托力和水压力。
4 根据滑动面（滑带）条件，按平面、圆弧或折线，选用适宜的计算模型。
5 当有局部滑动可能时，除验算整体稳定外，尚应验算局部稳定。
6 当有地震、冲刷、人类活动等影响因素时，应计及这些因素对稳定的影响。

条文说明

滑坡的稳定性计算应根据现行国家标准《建筑边坡工程技术规范》（GB 50330）和《建筑地基基础设计规范》（GB 50007）等相关要求进行。同时考虑到影响滑坡稳定的因素十分复杂，计算参数难以选定，故不宜单纯依靠计算，应综合分析评价。

9.2.7 滑坡的岩土工程分析与评价应包括下列内容：
1 分析滑坡的地质背景、形成条件、工程地质和水文地质条件。
2 判定滑坡的形态、类型、性质和演化规律。
3 提供滑坡的平面图、剖面图和岩土工程特性指标，平面图可根据滑坡规模选用1:200～1:1000比例尺，用于整治设计时其比例尺宜为1:200～1:500。
4 利用工程地质调查与测绘、勘探、测试与试验、稳定性验算等对滑坡进行稳定性综合评价，分析滑坡的发展趋势和危害程度，提出治理方案的建议。
5 提出选线规避原则或滑坡防治及监测的建议。

9.3 危岩、落石和崩塌

9.3.1 符合下列情况时，应按危岩、落石和崩塌地段开展工作：
1 坡面高、陡，不平整，上陡下缓。
2 岩土层节理、裂隙发育，结构面多张开。
3 坡脚、坡面有崩塌物停积。

条文说明

在地形陡峻（坡度常大于55°，高度大于30m）、岩层裂隙发育的地区，特别是在脆硬岩石地段，或软硬岩互层地段，或岩体结构面的倾角较陡其走向大致平行河流的陡坡，或峡谷地段及卸荷裂隙发育地段，都具有产生危岩、崩塌和落石现象可能。而路堑开挖后形成高陡边坡，往往出现卸荷裂隙，进一步发展也会产生崩塌和落石现象。

崩塌和落石多在久雨或暴雨之后发生。坍塌体顶端先有裂缝出现，节理缝隙扩大，断层破碎带或构造面风化加深，地表水下渗，地下水流变浊，边坡有小型的局部坍塌落石，甚至能听到岩石变形挫动的响声。但这些预兆不太明显，不易为人们所察觉。崩塌不但发生于坚硬岩体组成的山坡，在软弱岩体以及土体的陡坡地带也会发生。

9.3.2 崩塌按规模可分为小型崩塌、中型崩塌和大型崩塌，可按表9.3.2-1进行分类；根据形成机理可分为倾倒式、滑移式、膨胀式、拉裂式、错断式等类型，可按表9.3.2-2进行分类；崩塌按物质成分分为黄土崩塌、黏性土崩塌和岩体崩塌。

表9.3.2-1 崩塌按规模分类

崩塌类型	小型崩塌	中型崩塌	大型崩塌
崩塌体体积V（m^3）	$V \leq 500$	$500 < V \leq 5000$	$V > 5000$

表9.3.2-2 崩塌按形成机理分类

崩塌类型	倾倒式崩塌	滑移式崩塌	膨胀式崩塌	拉裂式崩塌	错断式崩塌
形成机理	倾倒	滑移	膨胀、下沉	拉裂	错断

9.3.3 危岩、落石和崩塌地段工程地质调查与测绘应包括下列内容：

1 调绘范围应包括危岩、落石、崩塌影响范围及影响地段。
2 查明危岩的地质背景、地形地貌和微地貌特征。
3 查明地层岩性、岩层结构、软质岩和硬质岩的分布、岩性特征和风化程度。
4 查明地质构造，岩体结构面及裂隙的产状、组合关系、闭合程度、力学属性、延伸及贯穿情况。
5 查明地表水和地下水对崩塌的影响。
6 收集气象、地震及有关水文资料。
7 应结合支挡防护工程，查明支挡建筑物地基情况和锚固条件。
8 调查危岩、落石、崩塌发生的迹象、原因和发展史，搜集当地防治经验。

条文说明

危岩、落石和崩塌地段工程地质勘察，工程地质调查与测绘是主要的勘察方法。工程地质调查与测绘除应包括危岩、落石和崩塌点及可能产生危岩、落石和崩塌的陡坡地段外，还应包含其相邻地带，以便准确圈定危岩、落石和崩塌的范围，查明其规模。应重点调查与危岩、落石和崩塌关系密切的地质条件。注意调查地形地貌和微地貌特征，如斜坡坡度、高度、形态特征、台阶及陡坎的位置等；注意查明地层岩性及其组合情况，特别是软质岩和硬质岩的分布范围、风化程度、风化凹槽及突出的悬崖位置与岩性的关系；重视区域地质构造环境的调查研究，注意查明结构面的类型、产状、间距、延伸长度、深度、充填物及其性质，特别是控制岩体稳定的结构面及其组合情况；注意调查地下水出露的位置、水量、补给源以及地表水的入渗及渗流情况；注意收集当地的气象、地震、水文（与河流冲刷侵蚀有关的）资料，了解危岩、落石和崩塌发生发展历史，调查危岩、落石和崩塌发生的时间、频率、落石的运动方式和轨迹，分析危岩、落石和崩塌产生的原因和发展过程，评价崩塌、危岩对公路工程的危害和影响。

9.3.4 危岩、落石和崩塌地段的勘探、测试应符合下列规定：

1 宜采用挖探、钻探、物探等进行综合勘探，宜采用挖探查明被覆盖危岩体的节理裂隙发育和充填特征。

2 勘探测试点的数量和位置应根据地形、地貌、地质条件及危岩、落石和崩塌的发育特征确定。

3 勘探中遇地下水时，应量测地下水水位，并采取地下水试样。

4 宜对张裂隙进行变形观测。

5 对有较大危害的大型危岩，应进行监测，并对可能发生崩塌的时间、规模、滚落方向、途径等特点进行分析，有条件时可在现场做落石试验。

6 地形特别困难地区，宜采用无人机摄影、激光雷达扫描等技术，探查危岩、落石的分布范围、大小及稳定状态。

条文说明

危岩、落石和崩塌发育地段往往地形条件差，现场调绘特别困难，无法准确圈定其分布范围和规模。随着新技术新方法的发展，无人机摄影、激光雷达扫描等技术已较成熟，且已较广泛地应用于复杂地形勘察中，对工程地质调绘的安全性和准确性都有较大保障。

9.3.5 各类危岩、落石和崩塌的岩土工程评价应符合下列规定：

1 规模大，破坏后果很严重，难于治理的，线路应规避，不宜作为工程场地。

2 规模较大，破坏后果严重的，应对可能产生落石或崩塌的危岩进行加固处理，线路应采取防护措施。

3 规模小，破坏后果不严重的，可作为工程场地，但应对不稳定危岩采取治理措施。

9.3.6 危岩、落石和崩塌地段的岩土工程勘察分析与评价应阐明危岩、落石和崩塌的范围、规模、类型、工程场地的适宜性，并提出规避或防治方案的建议。

9.4 岩堆

9.4.1 对于在山坡或坡脚分布的以堆积岩块和岩屑为主的堆积体，且易产生坍滑、不均匀沉降等现象的地段，应按岩堆开展工作。

条文说明

工程地质勘察中要注意岩堆与坡积层的区别，坡积层主要是指沿山坡坡面堆积而成的覆盖物；岩堆则是在重力作用下发生的，以岩块和岩屑堆积为主，多见于陡坡坡脚。岩堆表面坡度与堆积物的安息角相近，常处于极限平衡状态。

9.4.2 岩堆可根据组成物质的大小划分为碎屑、角砾、碎石、块石岩堆。

9.4.3 岩堆地段工程地质调查与测绘应包括下列内容：
1 调查与测绘范围应包括岩堆和补给区及其影响地段。
2 查明岩堆的形态特征、植被及成层情况、密实程度等。
3 查明岩堆床的形态、岩性、有无软弱夹层或软弱面，分析岩堆稳定程度。
4 查明地表水和地下水活动对岩堆稳定的影响。

条文说明

岩堆地区即使植被良好，但在遇到周期性暴雨或坡脚被破坏时，往往顺坡产生泥流或坍塌。陡崖下的岩堆，在降雨量较大时因雨水下渗和基岩中地下水补给，可能在堆积床或沿某个堆积层形成饱水带，而造成崩塌性滑坡。对位于线路上方的岩堆体，如用路基或桥涵在其下方通过，就应对其稳定性进行分析、检算。

9.4.4 岩堆地段的勘探、测试应符合下列规定：
1 可采用物探、挖探和钻探等方法进行勘探。
2 勘探点宜沿岩堆体的轴线布置，轴线两侧根据岩堆体形态、规模并结合整治工程类型确定。地质断面上勘探点的数量不宜少于3个，且勘探点间距应满足工程整治设计需要。
3 勘探点深度应穿过岩堆体至稳定地层中不小于3m，且大于最大块石直径的1.5倍。
4 在钻进中，应注意潮湿程度、地下水情况，遇地下水时应量测地下水水位，并采取地下水试样进行水质分析，遇软弱夹层时应采取试样进行物理力学试验。

9.4.5 岩堆的岩土工程勘察分析与评价应阐明岩堆的规模、范围、类型、岩土体密实程度、补给来源等，评价岩堆的稳定性，作为工程场地的适宜性，并提出规避或防治方案的建议。

9.5 泥石流

9.5.1 符合下列情况时应按泥石流地段开展工作：
1 沟口、沟谷或坡脚存在大量无分选的洪流堆积物。
2 沟内两侧、沟谷源头或山坡存在滑坡、崩塌堆积物或有大量松散堆积物质。
3 有泥石流暴发的历史记录或泥石流活动的痕迹。

条文说明

泥石流是由于降水（暴雨、融雪、冰川）而形成的一种夹带大量泥、砂、石块等固体物质的特殊洪流。泥石流介于块体运动与水力运动之间，呈稀性紊流、黏性层流或塑性蠕流等状态运动，它形成过程复杂，暴发突然，来势凶猛，破坏力强，是不可忽视的一种地质灾害。

对纵坡陡峻的黏性泥石流，因沟床粗糙率降低，其流速与流量都可能很大，还有巨大漂石被夹带移动，此种危害应予重视。对大规模暴发而时间间隔较长的泥石流，因间隔期间沟床呈现一般山区河沟的状况，似乎没留下多少痕迹，易造成已稳定的错觉。但当其条件成熟时，往往暴发规模较大的泥石流。实践经验告诉我们，在泥石流沟分散，现状表现威胁较轻的地段，往往由于重视不足，工程做得不够，因而问题出现的反而较多；而在泥石流沟集中，现状表现威胁较重的地段，由于重视充分，工程措施加强，所以问题反而少。

每一条泥石流沟每次暴发时其性质及流量等都不会相同，而在同一场泥石流的全过程中，峰前、峰后与洪峰时也完全不同。因此要重视调查研究，掌握泥石流的发展规律，并预测最不利的情况。

9.5.2 根据泥石流的流域形态可分为沟谷型泥石流和山坡型泥石流，可按表9.5.2-1进行分类；泥石流流域按地貌形态可分为形成区、流通区和堆积区；根据固体物质成分可分为泥流、泥石流和水石流，可按表9.5.2-2进行分类；根据流体性质可分为黏性泥流、黏性泥石流、稀性泥流、稀性泥石流、水石流，可按表9.5.2-3进行分类；根据规模可分为特大、大、中和小型泥石流，可按表9.5.2-4进行分类；根据泥石流暴发频率可分为高频率泥石流和低频率泥石流，可按表9.5.2-5进行分类。

表 9.5.2-1　泥石流按流域形态特征分类

类型	流域面积 S（km²）	主沟长度 L（km）	形态特征	沟床纵坡	不良地质	沟口堆积物
沟谷型	$S>1$	$L>2$	沟谷形态明显，一般上游宽下游窄，支沟发育	一般在15°以下，有卡口、跌坎	沟内常发育有崩塌、滑坡	呈扇形或带状，颗粒略有磨圆
山坡型	$S\leq1$	$L\leq2$	沟谷短、浅、陡，一般无支沟	与山坡坡度基本一致	常产生坡面侵蚀和崩塌	呈锥形，颗粒较粗大，棱角明显

表 9.5.2-2　泥石流按固体物质组成分类

泥石流类型	流体中固体物质成分
泥流	固体物质以黏粒、粉类为主，含有少量砾石、碎石
泥石流	固体物质由黏粒、粉类、砂粒、砾石、碎石、块石、漂石等组成
水石流	固体物质以碎石、块石为主，含少量黏粒、粉粒

表 9.5.2-3　泥石流按流体性质分类

性质	稀性			黏性	
类别	泥流	泥石流	水石流	泥流	泥石流
流体密度 ρ_c（t/m³）	$1.3\leq\rho_c\leq1.5$	$1.2\leq\rho_c\leq1.6$	$\rho_c<1.2$	$\rho_c>1.5$	$1.6\leq\rho_c\leq2.3$
黏度 η（Pa·s）	$\eta\leq0.3$	$\eta\leq0.3$	—	$\eta>0.3$	$\eta>0.3$
流态特征	呈紊流状态。有时具波状流。有泥浪，砾石、碎石、块石呈滚动或跃移前进。具有垂直交换。阵性流不明显。弯道处常见泥浆	呈紊流状态。漂块石流速慢于浆体流速，呈滚动或跃移前进。具有垂直交换。阵性流不明显，偶有股流或散流	呈紊流状态。固体物质流速慢于浆体流速，砾石、块石呈推移式前进。垂直交换明显。无阵性流现象	呈层流状态。固、液两相物质呈整体等速运动。黏滞性强，浮托力大，能将巨大干土块浮托出沟。无垂直交换。阵性流明显，遇卡口常发生堵沟、断流	呈层流状态。固、液两相物质呈整体等速运动。黏滞性强，浮托力大，能将巨大的漂石悬移或滚动。无垂直交换。阵性流明显，有堵沟、断流和浪头出现，弯道处常发生爬高
堆积特征	呈扇状或垄岗状。间有"泥球"出现。堆积剖面中粗粒物质一般呈底积状态	呈扇形或垄岗状。泥石流过后水与固体物较快分离。堆积分选差、空隙大、结构较松散，表面细颗粒物质较少。剖面中可见固体物质呈叠置状	一般呈扇形。堆积物有分选性，结构松散，表面粗颗粒物较多	多呈舌状或坎坷不平土堆，表层常有"泥球"。堆积物一般保持流动时结构特征。堆积剖面中，粗颗粒具有悬浮状特点	呈扇状或舌状，表面坎坷不平间有"泥球"。堆积物一般保持流动时结构特征，无分选，砾石、块石呈悬浮或支撑状。堆积无层次，各次堆积分层明显

表 9.5.2-3（续）

危害作用	冲击破坏力较大，摩蚀力较强，有淤有冲，以冲为主，对建筑物慢性冲刷破坏	较洪水破坏力大。以冲刷为主，对建筑物慢性冲刷破坏	大量泥土冲出沟口或沟外，堵塞桥涵	来势凶猛，冲击破坏力大，直进性强，能使建筑物在短时间内破坏	冲击破坏力较小，对建筑物产生慢性冲刷破坏

表 9.5.2-4 泥石流按规模分类

泥石流类型	固体物质储量 V_V（m^3/km^2）	固体物质一次最大冲出量 V_c（m^3）
小型	$V_V \leq 5 \times 10^4$	$V_c \leq 1 \times 10^4$
中型	$5 \times 10^4 < V_V \leq 1 \times 10^5$	$1 \times 10^4 < V_c \leq 5 \times 10^4$
大型	$1 \times 10^5 < V_V \leq 1 \times 10^6$	$5 \times 10^4 < V_c \leq 1 \times 10^5$
特大型	$V_V > 1 \times 10^6$	$V_c > 1 \times 10^5$

表 9.5.2-5 泥石流按发生频率的工程分类和特征

泥石流类型	特征	亚类	严重程度	流域面积（km^2）	固体物质一次冲出量（$\times 10^4 m^3$）	流量（m^3/s）	堆积区面积（km^2）
I 高频率泥石流	多位于地壳强烈上升区，岩层破碎，风化强烈，山体稳定性差。泥石流基本上每年发生，泥石流暴发雨强≤4mm/10min。固体物质主要来源于沟谷内的滑坡、崩塌。沟床和扇形地上泥石流堆积物新鲜，几乎无植被发育。黏性泥石流沟中、下游沟床坡度≥4%。规模和性质与固体物质丰富程度有关	I_1	严重	>5	>5	>100	>1
		I_2	中等	1~5	1~5	30~100	<1
		I_3	轻微	<1	<1	<30	—
II 低频率泥石流	分布于各类山地，山体稳定性较好，无大型活动性崩塌、滑坡。泥石流暴发周期一般在10年以上，泥石流暴发雨强>4mm/10min。固体物质主要来源于沟床内的松散堆积物。沟床和扇形地上巨石遍布，植被较好。黏性泥石流沟中、下游沟床坡度<4%。规模一般较大	II_1	严重	>10	>5	>100	>1
		II_2	中等	1~10	1~5	30~100	<1
		II_3	轻微	<1	<1	<30	—

9.5.3 泥石流地段的工程地质调查与测绘应包括下列内容：

1 宜采用遥感图像地质解译与野外地质调绘相结合的方法，范围应包括沟谷至分水岭的全部地段和可能受泥石流影响的地段。

2 查明地形地貌特征，包括沟谷的发育程度、切割情况、坡度、弯曲、粗糙程度，划分泥石流的形成区、流通区和堆积区，圈绘整个沟谷的汇水面积。

3 形成区应着重调查地层岩性、地质构造、风化破碎情况，滑坡、崩塌、岩堆等不良地质作用的发育、分布及储量及植被情况；调查人为活动对山坡岩体的破坏；分析可能发生泥石流的规模及对工程危害程度。

4 流通区应着重调查沟床变迁，包括沟床纵横坡度、跌水、急湾等特征，沟床两侧山坡坡度、稳定程度，河床的冲淤变化和泥石流的痕迹；分析线路通过的可能和方式。

5 堆积区应着重调查堆积扇的分布范围、形态、沟道变迁和冲淤情况，查明洪积物的性质、厚度、层次、粒径组成情况，判定堆积区形成历史、堆积速度、估算一次最大堆积量。

6 调查泥石流发展史和周期，包括历次泥石流的发生时间、频次、规模、形成过程、暴发前的降雨情况和爆发后产生的灾害情况。

7 搜集地震、气象和水文条件，重点调查冰雪融化和暴雨强度、一次最大降雨量、平均及最大流量、地下水活动等情况。

8 搜集当地泥石流防治经验、规划措施和相似工程类型。

条文说明

典型的泥石流流域，从上游到下游一般可分为形成区、流通区和堆积区。泥石流作为一种地质灾害，其勘察工作应以工程地质调查与测绘为主，其形成与当地的气象、水文、区域地质条件等有着密切的关系，工程地质调查与测绘时应注意收集和研究相关资料。

形成区为陡峻山区，汇水面积较宽，山坡裸露，松散固体物质储量丰富，常有滑坡、崩塌存在；流通区沟床较顺直，沟谷较窄，两侧山坡较稳定，纵坡较上游平缓；沉积区一般都是沟谷出口之外，纵坡平缓，地形开阔，泥石大量堆积。还需注意堆积区范围常伸入流通区，从而使该处具有流通区及泥石流扇顶的双重性质。而当已发生的泥石流扇缘出现新泥石流扇时，早期泥石流的堆积区也可能成为近期泥石流的形成区或流通区。工程地质调绘应根据线路通过泥石流域的特点开展工作。

对泥石流形成区主要调查了解、确定泥石流物质补给来源，是以构造破碎岩体为主，还是以第四系堆积物为主或是以滑坡坍塌体为主。对泥石流的流通区首先应查明、确定收缩口及位置，然后应对泥石流在此处的下切能力和下切深度或旁蚀强度有足够的估计。特别是以隧道通过收缩口处沟底时，初测阶段应摸清沟床基岩情况和水文地质情况。对泥石流的堆积区，应根据洪积物的厚度及成层情况查明泥石流的规模和暴发强度，根据洪积扇各层的沉积及分布特点分析泥石流暴发时的主流线变化情况。对各种工程弃渣及山坡毁林造田、水土流失、水库溃决而形成、复活或加剧的泥石流危害情况应引起重视。

地震是激发或加重泥石流危害的一个因素。凡地震动峰值加速度等于或大于 $0.1g$ 的山区，在其他条件相同的情况下，则更应该研究产生泥石流的可能，应查明沟的中上游有无山体坍塌可能形成堤坝堵塞而蓄水，给下游工程造成隐患等。

9.5.4 泥石流地段的勘探、测试应符合下列规定：
1 宜用钻探、挖探、物探等相结合的综合勘探方法。
2 勘探点数量和位置应根据地形地貌、地质条件及拟建线路方案、工程设置及整治工程类型、规模确定。
3 勘探测试应满足工程设计要求，泥石流堆积区勘探点深度应穿过泥石流堆积物至稳定地层中不小于 3m，且大于最大块石直径的 1.5 倍。
4 对需要整治的泥石流补给源的不良地质体，应按整治工程的需要布置勘探、测试工作。
5 钻探遇地下水时，应量测地下水水位，采取地下水试样进行水质分析。
6 泥石流堆积物的土试样应在有代表性的位置采取，测试泥石流流体的密度、固体颗粒密度及颗粒分析。

条文说明

泥石流地段进行勘探与测试，目的为进一步查明泥石流堆积物的性质、结构、厚度，固体物质含量百分比、最大粒径、流速、流量，冲出量和淤积量等指标，是判定泥石流类型、规模、强度、频繁程度、危害程度的重要标志，同时也是工程设计的重要参数。如年平均冲出量、淤积总量是拦淤设计和预测排导沟沟口可能淤积高度的依据。

9.5.5 泥石流地段工程建设适宜性的评价，应符合下列要求：
1 I_1 类和 II_1 类泥石流沟谷不应作为工程场地，各类线路工程应规避。
2 I_2 类和 II_2 类泥石流沟谷不宜作为工程场地，当必须利用时应采取治理措施；线路应避免直穿堆积扇，可在沟口设桥（墩）通过。
3 I_3 和 II_3 类泥石流沟谷可利用其堆积区作为工程场地，但应避开沟口；线路可在堆积扇通过，可分段设桥和采用排洪、导流措施，不宜改沟、并沟。
4 当上游大量弃渣或进行工程建设，改变了原有供排平衡条件时，应重新判定产生新的泥石流的可能性。

条文说明

泥石流地区工程建设适宜性评价，一方面应考虑到泥石流的危害性，确保工程安全，不能轻率地将工程设在有泥石流影响的地段；另一方面也不能认为凡属泥石流沟谷均不能兴建工程，而应根据泥石流的规模、危害程度等区别对待。因此，本条根据泥石流的工程分类，分别考虑建筑的适宜性。

考虑到 I_1 类和 II_1 类泥石流沟谷规模大，危害性大，防治工作困难且不经济，故不能作为各类工程的建设场地。

对于 I_2 类和 II_2 类泥石流沟谷，一般来说，以避开为好，故作了不宜作为工程建设场地的规定，当必须作为建设场地时，应提出综合防治措施的建议；对线路工程宜在流通区或沟口选择沟床固定、沟形顺直、沟道纵坡比较一致、冲淤变化较小的地段设桥或墩通过，并尽量选择在沟道比较狭窄的地段以一孔跨越通过，当不可能一孔跨越时，应采用大跨径，以减少桥墩数量。

对于 I_3 类和 II_3 类泥石流沟谷，由于其规模及危害性均较小，防治也较容易和经济，堆积扇可作为工程建设场地。线路工程可以在堆积扇通过，但宜用一沟一桥，不宜任意改沟、并沟，根据具体情况做好排洪、导流等防治措施。

9.5.6 泥石流地段的岩土工程分析与评价应包括下列内容：

1 泥石流的地质背景和形成条件。

2 判定泥石流的形成区、流通区、堆积区的分布范围和特征，填绘泥石流沟全流域工程地质图件。

3 划分泥石流类型，分析评价其对工程建设的适宜性。

4 提出选线规避原则或泥石流防治及监测的建议。

9.6 岩溶

9.6.1 对地表或地下分布可溶性岩层并存在各种岩溶形态，以及可溶岩地区的上覆土层曾发生地面塌陷或有土洞存在的地段，应按岩溶地段开展岩土工程勘察。

条文说明

岩溶又称喀斯特，是可溶性岩层如碳酸盐类的石灰岩、白云岩以及硫酸盐类的石膏等受水的化学和物理作用产生沟槽、裂隙和空洞，以及由于空洞顶板塌落使地表产生陷穴、洼地等侵蚀及堆积地貌形态特征和地质作用的总称。

9.6.2 根据岩溶埋藏条件可分为裸露型岩溶、覆盖型岩溶和埋藏型岩溶，可按表9.6.2-1进行分类；根据岩溶发育程度可分为强烈发育、中等发育和弱发育的岩溶，可按表9.6.2-2进行分类。

表 9.6.2-1 岩溶按埋藏条件分类

类型	裸露型	覆盖型		埋藏型
		浅覆盖型	深覆盖型	
地表可溶岩出露情况	大部分	少量	几乎没有	无
覆盖层	土	土	土	非可溶岩
覆盖土厚度 h（m）	$h<10$	$h<30$	$h \geq 30$	—
地表水与地下水连通情况	密切	较密切	一般不密切	不密切

表 9.6.2-2 按岩溶发育强度分级

级别	岩溶强烈发育	岩溶中等发育	岩溶弱发育
岩溶形态	以大型暗河、廊道、较大规模溶洞、竖井和落水洞为主	沿断层、层面不整合面等有显著溶蚀，中小型串球状洞穴发育	沿裂隙、层面溶蚀扩大为岩溶化裂隙、小型洞穴或溶孔
连通性	地下洞穴系统基本形成	地下洞穴系统未形成	裂隙连通性差或不连通
地下水	有大型暗河、伏流	有小型暗河或集中径流	少见集中径流、常有裂隙水流
线岩溶率、见洞率	钻孔见洞（隙）率≥30%或线岩溶率≥20%	介于强发育和弱发育之间	钻孔见洞（隙）率<10%或线岩溶率<5%

9.6.3 岩溶地段岩土工程勘察应查明下列内容：

1 岩溶地形和溶蚀地貌的成因、类型、规模、形态特征、分布范围及岩溶与拟建线路或工程的相对位置及关系。

2 覆盖层的成因、类型、分布、岩土名称、地层结构、厚度。

3 基岩的岩性、地质构造特征、埋深及基岩面的起伏变化情况，可溶岩与非可溶岩的分布特征、接触关系，可溶岩的地层年代、岩性成分、地层厚度、结晶程度、裂隙发育程度、产状、所含杂质及溶蚀、风化程度。

4 土洞、岩溶洞隙、暗河的形态、规模、充填、空间分布情况及其稳定性，查明溶洞或暗河的垂向分层特征和连通性，分析区域侵蚀基准面、地方侵蚀基准面及其变化特征。

5 岩溶地下水的分布特征及补给、径流、排泄条件及流速、流向等特征，各含水层间的水力联系，地下水开采方式及开采量；地表水体及岩溶泉水的出露位置、水量及变化情况，岩溶地下水与地表水的水力联系。

6 断裂、褶皱、节理裂隙的类型、规模、性质、分布范围和产状；断裂带的破碎程度、宽度、胶结程度、阻水或导水条件，以及与岩溶发育程度的关系；褶曲不同部位的特征，节理、裂隙性质，岩体破碎程度，以及与岩溶发育程度的关系。

7 岩溶塌陷、土洞、岩溶水害的成因、分布、形态、发育规律和发展趋势。

8 岩溶发育强度分级，圈定岩溶水富水性分区。

9 当地治理岩溶、土洞和地面塌陷的工程措施及经验。

条文说明

本条规定了岩溶地段岩土工程勘察应着重查明的内容，这些内容都与岩土工程分析评价密切相关。岩溶洞隙、土洞和塌陷的形成和发展，与岩性、构造、土质、地下水、地表水等条件均有密切的相关性。岩溶地段勘察中应重点查明各种岩溶地貌的成因、分布、规模、形态特征及其与地层岩性、地质构造、水文地质条件、新构造运动、地下水位的变化与运动规律之间的关系，分析研究土洞、岩溶塌陷、岩溶水害等地质灾害的形成与发展规律，划分岩溶发育区段，汲取当地治理岩溶、土洞、地面塌陷及岩溶水害的工程经验。

9.6.4 岩溶勘探应符合下列要求：

1 应在工程地质调查与测绘的基础上，采用物探、钻探、挖探等综合勘探方法。浅层溶洞和覆盖土层厚度可用挖探查明或验证，土洞可用轻便型、密集型勘探查明或验证。

2 勘探点的位置、深度、地质剖面布置及数量应根据岩溶类型、发育程度、线路方案、工程类型及规模等综合确定。

1）对高架工程应根据基础类型及岩溶发育程度布置勘探点，每个墩台应有勘探点控制，勘探点数量不宜少于2个，高墩、大跨等基桩数量较多的墩台应适当增加钻孔，岩溶强烈、中等发育的桩基础应逐桩布置。

2）对地面车站、车辆基地、低置结构等工程应采用综合物探方法确定物性异常范围，并采用挖探、钻探等勘探手段予以验证，查明基底岩溶洞穴或土洞的发育情况。

3）在地下工程通过的可溶岩含水地段、岩溶发育的物探异常带、断层破碎带均应布置钻孔，以查明岩溶、岩溶水等分布变化情况。

4）覆盖型岩溶应根据建筑物的重要性及需要，采用网格状布置勘探孔。

5）勘探深度应至结构底板以下及桩端平面以下不应小于10m，揭露溶洞时应根据工程需要适当加深。

3 钻孔护壁方法及材料应根据勘察阶段并结合物探方法和水文地质试验的要求确定。

4 覆盖型岩溶勘探时应区分溶洞充填物和覆盖层。

5 完整岩层岩芯采取率不应小于80%；破碎带不应小于65%；溶洞充填物应大于65%。

6 应分层采集岩土试样，记录钻具自然下落或自然减压，以及漏水、水色突变、冲洗液发生异常变化的位置及起止深度，并测定岩芯中的岩溶率。

7 岩溶发育且形态复杂地段，施工阶段应结合工程处理措施，进行必要的补充勘探或开展施工阶段地质工作进一步查明岩溶发育形态。

条文说明

岩溶地区的地质条件一般都很复杂，勘察难度大。勘探工作应以工程地质调查与测绘为先导，重视场地基本地质条件与岩溶及岩溶地质灾害发育规律的研究，在此基础上采用综合勘探手段取得的地质资料相互补充、相互验证，是岩溶地区勘察的基本原则。

岩溶地段对于不同的勘探对象需选择不同的勘探方法，查明浅层土洞，可选用钎探；而对深埋者，地层条件适宜时，可选用静力触探；岩溶洞穴发育地段，应结合工程类型，采用多种勘探方法，并以物探为主，针对物探异常，用钻孔进行验证，往往能收到较好效果。但需要注意的是，岩溶发育复杂，仅通过物探手段难以查明其分布情况，不宜以未经验证的物探成果作为设计依据。

岩溶地段勘探点、线的布置，应根据勘测阶段、建筑物等需要综合考虑。钻探深度应结合工程类别考虑，作为地基时从溶洞的顶板安全厚度考虑，太薄则不安全；作为建筑物环境（包括围岩和边坡）时，一方面应考虑环境条件的要求，另一方面还应考虑基底岩层顶板的安全厚度。对于覆盖型岩溶一般应穿透覆盖层至下伏完整基岩。

在勘察期间要完全查明岩溶发育情况是很困难的，为此应特别加强岩溶发育地段的配合施工工作。在施工阶段，结合施工现场实际情况进行补充勘察，进一步探明土洞、岩溶发育情况，做好动态设计，是符合岩溶区工程实际的做法。根据近年来的经验，对桥基的基坑、隧道的隧底及拱顶、路堑的基底在施工基本完成时进行岩溶发育程度的复查，对岩溶地段的隧道施工开展超前地质预报，是保证施工及运营安全的有力措施。

9.6.5 岩溶测试、试验应符合下列要求：

1 覆盖层土试样应进行物理力学性质、膨胀性、渗透性试验，必要时进行矿物与化学成分分析；溶洞充填物试样应进行物理力学性质试验，必要时进行黏土矿物成分分析。

2 取代表性岩石试样进行物理力学性质、矿物化学成分，以及水的侵蚀性试验；泥灰岩应增加软化系数试验。

3 地表水、地下水除常规试验项目外，应测定游离 CO_2 和侵蚀性 CO_2 含量。

4 暗河、大型溶洞、岩溶泉等发育地段，宜做连通试验，查明其分布规律、主发育方向。

5 对重点工程或水文地质条件复杂的岩溶地段应进行水文地质试验，必要时应选择一定数量的钻孔与岩溶泉（井），进行不少于一个水文年的水文地质动态观测。

条文说明

水文地质工作应视工程的需要，做简易水文地质观察或必要的系统观测、连通试验、抽水试验等工作，以满足岩溶水水文地质计算和评价岩溶发育程度的要求。

9.6.6 岩溶地段的岩土工程分析与评价应包括下列内容：

1 应阐明岩溶的空间分布、发育程度、发育规律，判定岩溶侵蚀基准面高程，分析评价岩溶对各类工程的影响和处理原则、存在问题及施工中注意事项等。

2 岩溶地段基坑、隧道涌水量应采用多种方法计算及综合比较确定，并应对岩溶突水、突泥位置和强度、地下水位下降的可能性、对地表水和工程周边环境的影响、可能发生地面塌陷的地段等岩土工程问题做出预测和评估，提出可行的设计、施工措施建议。

3 岩溶地面塌陷应根据岩溶发育程度、土层厚度与结构、地下水位等主要因素综合评价，分析塌陷的主要原因，提出处理措施的建议。

4 线路工程跨越、置于隐伏溶洞之上时，应评价隐伏溶洞的稳定性。

条文说明

岩溶岩土工程分析与评价包括岩土工程勘察报告和各类图件。不同勘察阶段，岩溶岩土工程分析与评价的内容、深度不同：

可行性研究阶段，岩土工程勘察报告主要包括可溶岩地层岩性、空间分布、岩溶发育的形态特征、岩溶地下水类型及补、径、排条件，对线路工程的影响程度、方案比选意见，宜采取的对策措施。

初勘阶段，岩土工程勘察报告主要包括可溶岩地层岩性、空间分布、岩溶发育的形态特征、岩溶地下水类型及补、径、排条件，对线路方案评价意见及比选建议，重点工程的评价和处理原则，基坑及隧道涌水量的预测和评价，存在问题及下阶段勘察中注意事项。

详勘阶段，岩土工程勘察报告主要包括可溶岩地层岩性、空间分布、岩溶发育的形态特征、岩溶地下水类型及补、径、排条件，岩溶对各类工程的影响程度及采取的相应处理措施，基坑及隧道涌水量的预测和评价，存在问题及施工中应注意事项。

施工阶段，岩土工程勘察报告主要是具体分析与评价报告，应阐明隐伏岩溶、洞穴或暗河的空间走向、与工程的空间关系，评价对工程的影响程度、采取的工程处理措施建议。

关于岩溶地面塌陷可按表9-1进行综合评价。累计指标分大于或等于90为极易塌陷区，71~89为易塌陷区，小于或等于70为不易塌陷区，近期产生过塌陷区，累计指标分应为100。地表降水入渗至塌陷地区，水的指标分为40。

表9-1 岩溶地面塌陷预测分析参考标准

基本条件	主要影响因素	因素的水平	指标分数
水—塌陷动力	水位 （40分）	水位能在土、石界面上下波动	40
		水位不能在土、石界面上下波动	20
覆盖层—塌陷物质	土的性质与土层结构 （20分）	黏性土	10
		砂性土	20
		风化砂页岩	10
		多元结构	20
	土层厚度 （10分）	<10m	10
		10~20m	7
		>20m	5

表 9-1（续）

基本条件	主要影响因素	因素的水平	指标分数
岩溶—塌陷与储运条件	地貌 （15分）	平原、谷地、溶蚀洼地	15
		谷坡、山丘	5
	岩溶发育程度 （15分）	漏斗、洼地、落水洞、溶槽、石牙、竖井、暗河、溶洞较多	10~15
		漏斗、洼地、落水洞、溶槽、石牙、竖井、暗河、溶洞稀少	5~9

9.7 人为坑洞

9.7.1 符合下列情况时应按人为坑洞地段开展工作：

1 正在开采或废弃的各类大型矿区、人工及半机械开采的各类小型矿区、已废弃的各类小型矿区、窑洞等。

2 沿沟、河岸有矿线露头，两侧虽无现代矿点分布，但支沟沟源有矿点分布的沿沟岸两侧适当范围或沟岸至矿点间的地带。

3 人防工程、地下工程、坎儿井、枯井、采砂（石、金）洞、窑洞、菜窖及墓穴等其他人为坑洞。

条文说明

人为坑洞是指有地层规律可循，并沿某一特征地层挖掘的坑洞，如煤矿（窑）、掏金洞、掏沙坑、坎儿井、防空洞、墓穴、菜窖、窑洞、枯井等。其中掏沙坑、防空洞、墓穴、菜窖、窑洞、枯井等多分布在城市及近郊，这些地区人类活动频繁，多留有人类活动的痕迹，这类人为坑洞大部分分布较浅，对中低速磁浮交通工程建设影响较大。

中铁第一勘察设计院集团有限公司在梅七、西韩、阳涉、孝柳、侯月、神朔、包西等铁路通过煤系地层的采空问题进行了深入调查、分析，提出了企业划分标准。

界定小煤窑的标准：小煤窑主要指人工开挖、一般不进行支护或仅进行简单支护靠顶板自稳条件开采的煤窑。采用巷道式采煤，主巷道呈网格状，支巷道间距25~30m，支巷道一般宽2.0~2.5m、高2.0~3.0m，一般采用房柱式开采，最后形成的采空仓一般长25~30m、高6m、宽6m。

界定小窑采空和大面积采空标准：当保留煤柱宽大于采空坑洞宽度的4~5倍时，定为小窑采空；当保留煤柱宽度小于采空宽度的4~5倍时，定为大面积采空。

对采空区的稳定性认识：小煤窑采空区由于采空坑洞宽度小，不考虑采空移动盆地，应根据工程性质和重要程度采用不同措施。大面积采空区必须考虑采空移动盆地，工程设置在影响范围外一定距离。

在"小窑采空"和"大面积采空"的界定中，还应注意"回采率"和"采空程度"两个不同的概念。"回采率"是指被开采矿体体积与开采范围内总矿体积之比;"采空程度"是指被开采矿层面积与开采范围总面积之比。现代开采的小矿,尽管规模小,但从机械化程度、通风设备、支撑条件都大于、好于新中国成立前小窑的开采条件。这类小矿在巨厚层矿体开采中,由于支撑条件和开采设备落后,造成"回采率"低,但"采空程度"还是较高的,对工程的危害程度也大。因此,"采空程度"评价时应注意上述不同含义,不可将小矿随意划归"小窑采空",应视其具体采空程度而定。

9.7.2 采空区根据开采状况及开采时间可分为古老采空区、现代采空区和未来采空区;根据采空程度可分为大面积采空区和小窑采空区。

9.7.3 人为坑洞地段岩土工程勘察工作,宜根据地区条件和矿区特点采用综合勘察方法,查明地质特征,进行稳定性评价,提出工程措施意见,并满足下列要求:
　　1 有规划、有设计、有计划开采的矿区宜采用矿区设计、实施资料、实地测量资料与区域地质资料综合分析的方法,确定采空层位及范围、进行稳定性评价,并提出工程措施意见、预留保安矿柱的宽度等。
　　2 古窑、小窑采空区宜采用区域地质资料分析、实地调查访问、坑洞测量与勘探相结合的方法,查明开采情况、开采的层位、坑道的宽度及高度、顶板岩体性质、采空特征、地面变形情况,进行稳定性评价和提出工程措施建议。
　　3 时间久远的其他人为坑洞地带宜采用区域地质资料、实地广泛调查访问及勘探相结合的方法,物性条件反映较好地区宜采用物探指导钻探,以确定人为坑洞分布的层位及具体位置,进行稳定性评价及提出工程措施、意见。

条文说明

　　有设计、有计划开采的矿区和规划矿区,将矿区设计、实施资料移放在线路平面图上与该段区域地质资料综合分析后圈定移动盆地或保留煤柱。
　　小窑采空区,开采多为乱采乱挖,要确定其采空范围则必须经过实地调查、坑洞测量、结合该段区域地质资料,初步圈定采空范围。用钻探和物探查明坑洞含水和采空范围。根据区域地质资料和钻探资料获取采空层位的埋深和顶板地层物理力学性质。
　　时间久远的古窑采空区,由于时间久远知情人少,坑洞坍塌又不能实地测量,采空范围及采空程度确定十分困难。为达勘察目的,可采用广泛访问、了解地区开采历史、开采方式、开采能力、开采设备、年开采量、开采时段,分析区域地质资料及水文地质情况,初步确定开采层位,圈定采空范围和采空程度。有条件时,应以物探为先导指导钻探验证采空范围。

9.7.4 人为坑洞地段工程地质调查与测绘应包括下列内容:
　　1 搜集研究区域内人为坑洞的各类区域地质资料,相关政府主管部门的矿产资源规划资料、矿区规划资料、矿区地质勘察资料等。

2 搜集矿床分布图，既有矿区勘察、设计、实施、开采历史、开采计划、开采方法、开采边界、巷道平面展布及顶板管理方法等资料，分析确定矿区采空及影响范围。

3 搜集人为坑洞范围及附近地表变形和有关变形观测、计算资料。

4 查明人为坑洞地段的地层层序、岩性、地质构造，人为坑洞的开采（挖）与分布层位、范围及其稳定状况。

5 查明人为坑洞及附近地表变形特征，变形发生、发展和分布规律，结合建（构）筑物详细调查坑洞分布、顶板厚度和洞内坑壁稳定情况，地表最大下沉值、最大倾斜值、最小曲率半径、移动角等资料，了解加固处理措施及效果，分析采空区的稳定性。

6 调查地下水动态变化及其对坑洞稳定性影响；了解人为坑洞附近工业、农业抽水和水利工程建设情况及其对人为坑洞稳定的影响。

7 调查人为坑洞当前使用或废弃现状，查明其空间位置、塌落、支撑、回填和充水情况。

8 查明坑洞内有害气体的类型、浓度、分布特征、危害程度及其对工程的影响。在调查与测绘过程中应注意有害气体对人体造成的危害。

9 调查人为坑洞区及附近既有建（构）筑物的变形特征、变形开始时间，发展速度，裂缝分布规律、延伸方向、形状、宽度等变形情况；建（构）筑物的结构类型、所处位置与人为坑洞区地质构造、开采（挖）边界、工作面推进方向的相互关系。

10 当地人为坑洞区及附近建（构）筑物地基加固处理措施及经验教训。

条文说明

查明人为坑洞发育地段的地层层序和人为坑洞的开采层位十分重要。只有查明其发育层位，才能有针对性地开展勘探工作，确定勘探方法和勘探深度，也才能有针对性地提出工程措施建议，确定处理的方法和深度，或基础埋置深度等。

人为坑洞中的小煤窑、古窑以及居民分布密集地区的人防工程、窑洞、古墓、菜窖等，在勘察期间往往不易查清，除采取必要的勘探手段外，还应十分重视调查、访问的作用。

9.7.5 人为坑洞地段勘探与测试应符合下列规定：

1 应根据坑洞的类型及其顶板地层的性质确定勘探方法，人为坑洞分布无规律、地面痕迹不明显、无法进入坑洞内进行调查验证的地区，应采用电法、地震和地质雷达等综合物探手段，并用物探结果指导挖探、钻探，必要时进行综合测井、跨孔弹性，波层析成像等。坑洞资料齐全，能说明其位置、埋深、变形特征、发展趋势和稳定条件时，宜用物探、钻探进行验证。

2 勘探点、勘探线的位置和数量应结合拟建工程走向、敷设方式、坑洞的埋藏深度、类型及展布情况、地表变形特征、物探结果综合确定；勘探孔数量和深度应满足稳定性评价与工程设计的要求。

3 勘探点的深度应探至最底层洞底底板以下稳定地层内不小于3m。

4 采空区的桥梁、隧道、路基工程范围内的钻孔，其勘探点深度还应满足各类工程设计的要求。

5 钻进过程中应记录钻具自然下落情况及起止深度、孔内掉块、钻具跳动、进尺加快等情况。

6 应分层采取岩土试样，进行物理力学性质试验，提供稳定性验算及工程设计所需岩土参数。

7 钻探遇地下水时，应量测地下水水位，采取地下水试样进行水质分析；地下水发育时，宜做抽水试验。

8 遇气体时或对可能储气部位，应结合坑洞处治工程设计，进行有害气体含量、压力的测试。

9 人为坑洞地段的变形特征难以判明时，应进行地面变形观测和建筑物变形观测。

9.7.6 人为坑洞地段岩土工程分析与评价应包括下列内容：
1 人为坑洞地段的变形情况、发展趋势及稳定性评价。
2 人为坑洞对线路及工程建设可能造成的影响。
3 人为坑洞中残存的有害气体、充水情况及其造成危害的可能性。
4 线路规避各类矿区采空的原则，通过各类人为坑洞时应采取的工程措施建议。
5 规划矿区对线路工程的影响及应采取的安全措施。
6 施工和运营期间防治措施的建议。

条文说明

人为坑洞稳定性评价，应根据采空程度和坑洞顶板地层的物理力学性质进行。大面积采空，根据开采矿体的范围、矿层的倾斜程度、上覆地层的物理力学性质确定移动盆地。根据工程性质确定线路通过位置。小窑采空区，根据采空上覆地层物理力学性质进行评价。浅埋的人防空洞，大面积密集分布的窑洞、古墓和菜窖等，应根据其与中低速磁浮交通工程的空间位置关系和土层的物理力学性质进行评价。

中铁第一勘察设计院集团有限公司通过在陕西、山西煤系地层小窑采空区的铁路建设，根据前述的小煤窑开采情况和该地区煤层主要位于石炭、二叠系泥页岩夹砂岩地层的特点，提出了该地区小煤窑采空稳定性评价标准，即：当基岩顶板厚度小于30m时，为可能塌陷区，要求所有工程均需处理；当基岩顶板厚度30~60m时，为可能变形区，重点工程应处理；当基岩顶板厚度大于60m时，为基本稳定区，一般工程不处理，重大工程结合其重要性单独考虑。其中顶板为第四系土层时，按3:1换算为基岩（即3m土层换算为1m岩层）。依据上述标准，在阳涉、孝柳、侯月、神朔等线小煤窑采空区进行工程处理，经过施工、运营考验尚未发生工程地质问题。

9.8 地裂缝

9.8.1 线路通过由构造、地震、地面沉降或人工采空等原因造成的长距离地裂缝时，应开展地裂缝专题研究工作。

9.8.2 地裂缝包括在地表出露的地裂缝和未在地表出露的隐伏地裂缝。

条文说明

9.8.1、9.8.2 拟建工程场地或附近存在地裂缝时，应进行地裂缝专项勘察。这是因为，地裂缝是一种特殊的城市地质灾害，一般情况下，地裂缝所经之处，地面及地下各类建（构）筑物均会遭到不同程度的破坏，往往造成较大的经济损失，并危及人身安全。研究表明，地裂缝还是一种长期活动的不良地质作用，其对建（构）筑物的破坏往往是难以抵御的。地裂缝是一种对中低速磁浮交通工程安全有严重威胁的不良地质作用和地质灾害，故本条指出"应开展地裂缝专题研究工作"。

历史上我国许多地方都出现过地裂缝。唐山地震前后，华北广大地区出现地裂缝活动，涉及10余省200多个县市，发育达上千处之多；山西运城鸣条岗早在20世纪20年代就出现地裂缝，到1975年该地裂缝还在活动，总体走向为北东向，全长约12000m，宽度一般20~30cm；陕西的礼泉、泾阳、长安也曾出现地裂缝；最具有代表性的属于西安地裂缝，到目前为止已发现13条。西安地裂缝是指在过量开采承压水，产生不均匀地面沉降的条件下，临潼—长安断裂带西北侧（上盘）存在的一组北东走向的隐伏地裂缝的被动"活动"，在浅表形成的破裂。西安地裂缝的基本特征有以下几点：

（1）西安地裂缝大多是由主地裂缝和分枝裂缝组成的，少数地裂缝则由主地裂缝、次生地裂缝和分枝裂缝组成。

（2）主地裂缝总体走向北东，近似于平行临潼—长安断裂，倾向南东，与临潼—长安断裂倾向相反，倾角约为80°，平面形态呈不等间距近似平行排列。次生地裂缝分布在主地裂缝的南侧，总体倾向北西，在剖面上与主地裂缝组成"Y"字形。

（3）地裂缝具有很好的连续性，每条地裂缝的延伸长度可达数公里至数十公里。

（4）地裂缝都发育在特定的构造地貌部位（现在可见的和地质年代存在过的构造地貌），即梁岗的南侧陡坡上，梁间洼地的北侧边缘。

（5）地裂缝的活动方式是蠕动，主要表现为主地裂缝的南侧（上盘）下降，北侧（下盘）相对上升。次生地裂缝则表现为北侧（上盘）下降，南侧（下盘）相对上升。

（6）地裂缝的垂直位移具有单向累积的特性，断距随深度的增大而增大。

从上述情况看，地裂缝的形成往往与构造、地震、地面沉降等因素有关。这里对地裂缝的规模提出了要求。"长距离地裂缝"原则上指长度超过1000m的地裂缝。山西运城鸣条岗地裂缝、陕西的礼泉地裂缝、泾阳地裂缝以及西安地裂缝的长度都超过了

1000m。这也是为了区分由地下采空、边坡失稳、挖填分界、黄土湿陷及地震液化等原因造成的小规模地裂缝。

从西安地裂缝的长期研究结果看，地裂缝既有地表可见到的地裂缝，也有地表看不到的隐伏地裂缝。

9.8.3 地裂缝勘察应包括下列内容：

1 搜集研究区域地质条件、拟建线路通过区及附近地裂缝研究、勘察等前人的工作成果资料，查明地裂缝的性质、成因、形成年代、发生发展规律。

2 调查场地的地形、地貌、地层岩性及地质构造等地质背景，研究其与地裂缝之间的关系；对地裂缝上下盘地层特性进行对比研究，确定具有显著特征的地层为勘探时的主要标志层。

3 调查场地的新构造运动和地震活动情况，研究其与地裂缝之间的关系。

4 调查场地的地下水类型、含水层分布、地下水开采及水位变化情况，研究其与地裂缝之间的关系。

5 调查场地人为坑洞分布及地面沉降等情况，研究其与地裂缝之间的关系。

6 查明地表破裂产生的时间、发展过程；地表破裂的形态、活动方式、垂直位移；追踪地表破裂的延伸方向；确定地表破裂与隐伏地裂缝的关系。

7 查明地裂缝的分布规律、具体位置、出露情况、延伸长度、产状、上下盘主变形区和微变形区的宽度、次生裂缝发育情况；地裂缝形态、宽度、充填物、充填程度。

8 查明地裂缝的活动性、活动速率、不同位置的垂直和水平错距。

9 查明地裂缝对既有建（构）筑物的破坏情况及针对地裂缝破坏所采取工程措施的成功经验。

10 必要时对地裂缝进行长期监测。

条文说明

地裂缝调查是地裂缝勘察中非常重要的手段，因为地裂缝的活动往往是周期性的，延续时间也较长，而中低速磁浮交通工程都建设在城市中及近郊，这些地段人类活动频繁，对地形地貌的改造较为剧烈，地裂缝活动的痕迹难以保留，只有通过深入细致的调查才能了解地裂缝的基本分布情况，指导进一步的勘察工作。确定地裂缝的历史活动性及错距，主要是通过对标志层的对比来实现的，因此在地裂缝调查时，应确定出哪些层位可作为标志层。西安地裂缝场地勘察时，根据勘探标志层不同，地裂缝场地分为一、二、三类。

第一类标志层为地表层，其场地特征主要为：场地内地裂缝是活动的，在地表已形成破裂；地表破裂具有清晰的垂直位移，地面呈台阶状；地表破裂有较长的延伸距离；地表破裂与错断上更新统或中更新统的隐伏地裂缝位置相对应。

第二类标志层为上更新统和中更新统红褐色古土壤层，其场地特征主要为：场地内的地裂缝现今没有活动，或活动产生的地表破裂已被人类工程活动所掩埋；场地内埋藏有上更新统或中更新统红褐色古土壤层。

第三类标志层主要有两种：埋藏深度40～80m的中更新统河湖相地层；60～500m深度内可连续追索的六个人工地震反射层组。

9.8.4 地裂缝勘察应符合下列要求：

1 地裂缝勘察宜采用工程地质调查与测绘、槽探、钻探、静力触探、物探等综合方法。

2 每个场地勘探线数量不宜少于3条，勘探线间距宜为20～50m，在线路通过位置应布置勘探线。

3 地裂缝每一侧勘探点数量不宜少于3个，勘探线长度不宜小于30m；对埋深30m以内标志层错断，勘探点间距不宜大于4m；对埋深20m以下标志层错断，勘探点间距不宜大于10m。

4 勘探孔深度应能查明主要标志层的错动情况，并达到主要标志层层底以下5m。

5 物探可采用人工浅层地震反射波法，宜进行现场试验，确定合理的仪器参数和观测系统，并应对场地异常点进行钻探或挖探验证。

条文说明

地表出露明显的地裂缝，宜以地质调查与测绘、槽探、钻探、静力触探等方法为主；对隐伏地裂缝，宜以工程地质调查与测绘、钻探、静力触探、物探等方法为主。

若地层分布较稳定，结构清楚，采用静力触探能较准确地查明地裂缝两侧的地层错距。西安市广泛分布的上更新统红褐色古土壤层（地面下第一层古土壤层），层底一般有钙质结核富集层，静力触探曲线上该层呈非常突出的峰值，是比较好的标志层。且静力触探施工方便，速度快。

中低速磁浮交通工程呈线状工程，在线位与地裂缝走向基本正交时，对地裂缝勘察的勘探线有2条就基本能确定地裂缝的走向。若有左右线，左右线的勘探线也就是地裂缝的勘探线，但线路通过位置应布置勘探线。若线位与地裂缝走向基本平行，地裂缝的勘探线要根据实际情况增加。

勘探孔深度主要根据标志层深度确定，以能查明标志层位错情况为原则。

采用人工浅层地震反射波法勘探时，宜进行现场试验，确定合理的仪器参数和观测系统。野外数据采集系统的基本要求为：覆盖次数不宜少于24次，道距3～5m，偏移距不小于50m。对区域地层结构不清楚的场地，不宜采用人工浅层地震反射波法勘探。人工浅层地震反射波法反映的异常，不一定都是由地裂缝造成的，因此需要用钻探验证。

9.8.5 地裂缝场地岩土工程分析与评价应包括下列内容：

1 工程地质图中应标明地裂缝在地面的位置、延伸方向及相应的坐标，分出主变形区和微变形区。

2 工程地质剖面图中应标明地裂缝的倾向、倾角及主变形区和微变形区。

3 评价地裂缝的活动性及活动速率，预估地裂缝在工程设计周期内的最大变形量。

4 提出减缓或预防地裂缝活动的措施。

5 地上工程不宜建在地裂缝上，应根据其重要程度建议合理的避让距离，必须建在地裂缝上时，应建议需采取的工程措施，并建议设计对跨越地裂缝的建筑物进行专门研究。

6 地下工程宜避开地裂缝，应根据其分布情况建议合理地避让距离，无法避开时，宜大角度穿越，应建议需采取的工程措施，并建议设计对穿越地裂缝的建筑物进行专门研究。对于活动地裂缝，尚应建议工程线路的通过方式。

7 应评价地裂缝对工程开挖、隧道涌水的影响，建议需采取的工程措施。

8 提出对工程结构和地裂缝进行长期监测的建议。

条文说明

西安市地方标准《西安地裂缝场地勘察与工程设计规程》(DBJ 61-6—2006) 对地裂缝影响区范围和建（构）筑物总平面布置以及工程设计措施主要有以下规定：

地裂缝影响区范围上盘0~20m，其中主变形区0~6m，微变形区6~20m；下盘0~12m，其中主变形区0~4m，微变形区4~12m。以上分区范围均从主地裂缝或次生地裂缝起算。

在地裂缝场地，同一建筑物的基础不得跨越地裂缝布置。采用特殊结构跨越地裂缝的建筑物应进行专门研究；在地裂缝影响区内，建筑物长边宜平行地裂缝布置。

建筑物基础底面外沿（桩基时为桩端外沿）至地裂缝的最小避让距离，一类建筑应进行专门研究或按表9-2采用；二类、三类建筑应满足表9-2的规定，且基础的任何部分都不得进入主变形区内，四类建筑允许布置在主变形区内。使用本表时应同时满足下列条件：底部框架砖砌体结构、框支剪力墙结构建筑物的避让距离应按表中数值的1.2倍采用；勘探精度修正值（Δk）大于2m时，实际避让距离等于最小避让距离加上Δk；桩基础计算避让距离时，地裂缝倾角统一采用80°。

表9-2 地裂缝场地建筑物最小避让距离（m）

结构类型	构造位置	建筑物重要性类别		
		一	二	三
砌体结构	上盘	—	—	6
	下盘	—	—	4
钢筋混凝土结构、钢结构	上盘	40	20	6
	下盘	24	12	4

注：使用本表时应同时满足下列条件：底部框架砖砌体结构、框支剪力墙结构建筑物的避让距离应按表中数值的1.2倍采用；勘探精度修正值（Δk）大于2m时，实际避让距离等于最小避让距离加上Δk；桩基础计算避让距离时，地裂缝倾角统一采用80°。

主地裂缝与次生地裂缝之间，间距小于100m时，可布置体型简单的三类、四类建筑；间距大于100m时，可布置二类、三类、四类建筑。

地裂缝场地的建筑工程设计，采取减小地裂缝影响的措施主要有：采取合理的避让距离；加强建筑物适应不均匀沉降的能力；采取防水措施或地基处理措施，避免水浸入地裂缝产生次生灾害；在地裂缝影响区范围内，不得采用用水量较大的地基处理方法；在地裂缝影响区内的建筑，应增加其结构的整体刚度与强度，体型应简单，体型复杂时，应设置沉降缝将建筑物分成几个体型简单的独立单元，单元长高比不应大于2.5；在地裂缝影响区内的砌体建筑，应在每层楼盖和屋盖处及基础设置钢筋混凝土现浇圈梁；在地裂缝影响区内的建筑宜采用钢筋混凝土双向条基、筏基或箱基等整体刚度较大的基础。

采用路堤方式跨越地裂缝时，除查明地裂缝外，应定期监测地裂缝的活动，及时调整线路坡度。桥梁工程场地及附近存在地裂缝时，除查明地裂缝外，还需采取以下设防措施：

（1）当桥梁长度方向与地裂缝走向重合时，应适当调整线位，宜置于相对稳定的下盘。

（2）桥墩基础的避让距离，单孔跨径大、中、小桥可按三类建筑物的避让距离确定，单孔跨径特大桥可按二类建筑物的避让距离确定。

（3）跨越地裂缝的桥梁上部结构应采用静定结构，特大桥宜选用柔性桥型，并采取适当的预防措施，定期监测地裂缝的活动，及时进行调整。采用隧道结构穿越地裂缝时，宜采用大角度穿越，必要时采用柔性结构设计，定期监测地裂缝的活动，及时进行调整。

9.9 地面沉降

9.9.1 线路通过抽吸地下水引起的地下水位或水压下降而造成大面积的地面沉降，应进行岩土工程勘察。

条文说明

地面沉降是指在人类工程经济活动影响下，由于地下松散地层固结压缩，导致地壳表面局部高程降低的一种工程地质现象。根据地面沉降发生的原因还可分为：抽吸地下水引起的地面沉降；开采石油、天然气引起的地面沉降；抽吸卤水引起的地面沉降；采掘固体矿产形成的采空区引起的地面沉降。

本节主要针对由于抽吸地下水引起的地面沉降的勘察，开采石油、天然气引起的地面沉降和抽吸卤水引起的地面沉降可参照执行，采掘固体矿产引起的采空区按人为坑洞开展勘察工作。

我国出现的地面沉降的城市较多。按发生地面沉降的地质环境可分为三种模式：

（1）现代冲积平原模式，如我国的几大平原。

（2）三角洲平原模式，尤其是在现代冲积三角洲平原地区，如长江三角洲就属于这种类型。常州、无锡、苏州、嘉兴、萧山的地面沉降均发生在这种地质环境中。

（3）断陷盆地模式，又可分为近海式和内陆式两类。近海式指滨海平原，如宁波市；而内陆式则为湖冲积平原，如西安市、大同市的地面沉降可作为代表。

不同地质环境模式的地面沉降具有不同的规律和特点，在研究方法和预测模型方面也有所不同。由于各种因素的影响，国内外很多地区都有发生地面沉降。国内外主要地面沉降地区实例参见表9-3。

表9-3　国内外主要地面沉降地区实例

地面沉降地区			沉积环境和年代	压密层深度和范围（m）	最大沉降速率（mm/a）	最大沉降量（m）	沉降地区面积（km²）
国别	地区						
中国	上海		冲积、湖相与滨海相，第四纪	3~300	98	2.63	121
	天津		滨海相，第四纪	—	262	2.16	135
	台北		冲积与浅海沉积，第四纪	10~240	—	1.90	235
	太原		冲积，第四纪	—	207	1.23	254
	常州		冲积，第四纪	—	90	0.22	200
	湛江		冲积，第四纪	30~200	—	0.11	140
墨西哥	墨西哥城		冲积、湖相，第四纪和第三纪	0~50	420	9.0	225
日本	东京		冲积和浅海相，晚新生代	0~400	270	4.6	2420
	大阪		冲积和湖相，第四纪	0~400	—	2.88	630
	新潟		浅海和海相，晚新生代	0~1000	—	2.65	430
	兵库		冲积和湖相，第四纪	0~200	—	2.84	100
美国	加利福尼亚州	圣华金流域					
		洛斯贝洛斯—开脱尔曼市地区	冲积和湖相，晚新生代	60~900	540	9.0	6200
		图莱里—华兹科地区	冲积、湖相、浅海相，晚新生代	60~700	—	4.3	3680
		阿尔文—马里科地区	冲积和湖相，晚新生代	60~500	—	2.8	1800
		圣克拉拉流域	冲积和浅海相，晚新生代	50~330	220	4.1	650
意大利	波河三角洲		冲积，泻湖和浅海相，第四纪	100~600	—	3.2	2600

9.9.2　对已发生地面沉降的地区，应查明地面沉降的现状及成因，预测地面沉降的发展趋势和影响范围，分析地面沉降对工程的影响，提出控制和治理方案；对可能发生地面沉降的地段，应预测发生地面沉降的可能性和影响范围，并对可能的固结压缩层位

做出估计，对沉降量进行估算，分析对线路可能造成的影响，提出预防和控制地面沉降的建议。

9.9.3 线路通过成因复杂、面积较大、地裂缝发育，且控制线路方案的地面沉降地段时，应开展地面沉降专题研究工作。

条文说明

中低速磁浮交通工程对沉降要求较为严格，地面沉降对工程影响大，需根据地面沉降的影响程度开展地质勘察工作。对于控制线路方案，且成因复杂、面积较大、地裂缝发育的地面沉降地段建议进行针对性地质勘察工作，必要时开展地面沉降专题研究工作。一般来说对区域地面沉降的专题研究主要包括以下内容：查明地面沉降的原因、范围、程度，预测地面沉降的发展趋势，提出控制整治方案意见；对可能发生地面沉降的地区，要预测地面沉降的可能性，进行沉降量估算，提出预防和控制地面沉降方案。

9.9.4 地面沉降岩土工程勘察应包括下列内容：

1　搜集区域地质及水文地质、地下水开采、地震破坏变形历史、地面沉降发展史、气象等资料、线路通过地段地面沉降及地下水位的监测资料。

2　查明地面沉降场地的分布范围及规模、沉积环境和年代，划分场地的地貌单元，详细调查第四纪冲积、湖积、浅海相沉积的平原或盆地，以及古河道、洼地、河间地块等微地貌情况，区别各种不同因素造成的地面沉降现象。

3　查明第四系堆积物的年代、成因、厚度、埋藏条件和土性特征，硬土层和软弱压缩层的分布。

4　地下水位以下可压缩层的固结应力历史、最大历史压力和固结变形参数。

5　查明含水层和隔水层的埋藏条件和承压性质，含水层的渗透系数、单位涌水量等水文地质参数，地下水的补给、径流、排泄条件、含水层间或地下水与地表水的水力联系。

6　调查历年地下水位、特别是各含水层水头的变化幅度和速率，地下水的采、灌量和实际开采或回灌的含水层、段，地下水位下降漏斗及回灌时地下水反漏斗的形成和发展过程。

7　调查地面沉降对建（构）筑物、既有交通工程的影响，包括建（构）筑物和既有交通工程的沉降、倾斜、裂缝及其发生时间和发展过程。

条文说明

国内外地面沉降的实例表明，发生地面沉降地区的共同特点是它们都位于厚度较大的松散堆积物，主要是第四纪堆积物。沉降的部位几乎无例外地都在较细的砂土和黏性土互层之上。当含水层上的黏性土厚度较大，性质松软时，更易造成较大沉降。因此，在地面沉降的勘察中，应首先查明场地的沉积环境和年代，弄清楚冲积、湖积或浅海相沉积平原或盆地中第四纪松散堆积物的岩性、厚度和埋藏条件。特别要查明硬土层和软弱压缩层的分布。必要时尚可根据这些地层单元体的空间组合，分出不同的地面沉降地质结构区。例如，上海地区按照三个软黏土压缩层和暗绿色硬黏土层的空间组合，分成四个不同的地面沉降地质结构区，其产生地面沉降的效应也不一样。

抽吸地下水引起水位或水压下降，使上覆土层有效自重压力增加，所产生的附加荷载使土层固结，是产生地面沉降的主要原因。因此，查明场地地下水埋藏条件、历年来地下水变化动态、地下水位下降漏斗或反漏斗的变化、地下水与地表水的水力联系等，对研究地面沉降至关重要。

地面沉降勘察所需工作量比较大，当收集的地质资料不能满足分析评价要求时，可针对地面沉降发生、发展的特点，进行专项地质勘察工作。勘察的主要内容参见表9-4。

表9-4 地面沉降勘察的主要内容

地面沉降情况	勘察的主要内容
已发生地面沉降的地区	(1) 查明地面沉降的原因和现状； (2) 预测地面沉降的发展趋势； (3) 提出控制整治方案
可能发生地面沉降的地区	(1) 结合水资源评价预测发生地面沉降的可能性； (2) 对可能的沉降层位做出估计； (3) 对可能的沉降量进行估算； (4) 预防和控制地面沉降

9.9.5 地面沉降现状调查，应符合下列要求

1 调查地下水的水位升降，开采量和回灌量，化学成分，污染情况和孔隙水压力变化。

2 收集不同时间的地面沉降等值线图，并分析地面沉降中心与地下水位下降漏斗形成、发展的关系及沉降缓解、地面回弹与地下水位回升的关系。

3 绘制以地面沉降为特征的工程地质分区图。

9.9.6 地面沉降地区岩土工程勘探与测试应根据线路方案、地面沉降性质和规模，在工程地质调查与测绘的基础上，以收集区域地质资料为主，必要时可采用钻探、物探和水文地质试验等手段开展综合勘探、测试工作，并应包括下列内容：

1 线路经过地面沉降区的沉积环境、地层层序、地层岩性、厚度、变形层位的分布、埋藏条件。

2 地面沉降区各含水层的埋藏深度和承压性，各含水层之间的或与地表水之间的水力联系。

3 查明天然条件下的补给、径流、排泄条件及有关渗透性等参数。

4 地下水位特别是各含水层承压水头的变化幅度和速率。
5 地裂缝的延伸方向、开裂深度、形态及充填物、有垂向错动的地裂缝应查明标志层。

9.9.7 地面沉降地区岩土工程勘察应分析拟建线路工程与地面沉降的关系，评价地面沉降对线路工程的影响，提出建设和运营期间的工程措施建议及观测方案。

9.10 地震

9.10.1 抗震设防烈度等于或大于6度的地区，应进行场地和地基地震效应的岩土工程勘察；抗震设防烈度等于或大于7度的重大工程场地应进行活动断裂勘察，并应对存在全新活动断裂的场地进行专题研究工作。

条文说明

本条规定在抗震设防烈度等于或大于6度的地区勘察时，应考虑地震效应问题。
（1）现行国家标准《建筑抗震设计规范》（GB 50011）规定了设计基本地震加速度的取值，6度为0.05g，7度为0.10g（0.15g），8度为0.20g（0.30g），9度为0.40g；为了确定地震影响系数曲线上的特征周期值，通过勘察确定建筑场地类别是必须做的工作。
（2）饱和砂土和饱和粉土的液化判别，6度时一般情况下可不考虑，但对液化沉陷敏感的乙类建筑应判别液化，并规定可按7度考虑。
（3）对场地和地基地震效应，不同的烈度区有不同的考虑，所谓场地和地基的地震效应一般包括以下内容：
①相同的基底地震加速度，由于覆盖层厚度和土的剪切模量不同，会产生不同的地面运动；
②强烈的地面运动会造成场地和地基的失稳或失效，如地裂、液化、震陷、崩塌、滑坡等；
③地表断裂造成的破坏；
④局部地形、地质结构的变异引起地面异常波动造成的破坏。

目前现行国家标准《中国地震动参数区划图》（GB 18306）的内容包括"全国城镇Ⅱ类场地基本地震动峰值加速度和基本地震动加速度反应谱特征周期"，现行国家标准《建筑抗震设计规范》（GB 50011）规定了我国主要城镇抗震设防烈度、设计基本地震加速度和设计特征周期分区。勘察报告应提出这些基本数据。

9.10.2 在抗震设防烈度等于或大于6度的地区进行勘察时，应确定场地类别，提出勘察场地的抗震设防烈度、设计基本地震动峰值加速度和设计地震分组。当场地位于抗震危险地段时，应根据现行国家标准《城市轨道交通结构抗震设计规范》（GB 50909）的要求，提出专门研究的建议。

条文说明

划分建筑场地类别，是岩土工程勘察在地震烈度等于或大于 6 度地区必须进行的工作，国家现行标准《建筑抗震设计规范》（GB 50011）根据土层等效剪切波速和覆盖层厚度划分为四类，当有可靠的剪切波速和覆盖层厚度值而场地类别处于类别的分界线附近时，可按插值方法确定场地反应谱特征周期。划分对抗震有利、不利或危险的地段和对抗震不利的地形，国家现行标准《建筑抗震设计规范》（GB 50011）中有明确规定，应遵照执行。当场地位于抗震危险地段时，常规勘察往往不能解决问题，应提出进行专门研究的建议。

9.10.3 断裂的地震工程分类应符合下列规定：

1 全新活动断裂：在全新地质时期（1.0 万年）内有过地震活动或近期正在活动，在今后一百年可能继续活动的断裂；全新活动断裂中、近期（近 500 年来）发生过地震震级 M≥5 级的断裂，或在今后 100 年内，可能发生 M≥5 级的断裂，可定为发震断裂。

2 非全新活动断裂：一万年以前活动过，一万年以来没有发生过活动的断裂。

9.10.4 对需要采用时程分析的工程，应根据设计要求，提供土层剖面、覆盖层厚度和剪切波速度等有关参数。

9.10.5 为划分场地类别布置的勘探孔，当缺乏资料时，其深度应大于覆盖层厚度。当覆盖层厚度大于 80m 时，勘探孔深度应大于 80m，并分层测定剪切波速。

条文说明

9.10.4、9.10.5 根据等效剪切波速和覆盖层厚度划分建筑场地类别勘察时，应有一定数量的勘探孔深度大于覆盖层厚度，并分层测定土的剪切波速；当场地覆盖层厚度已大致掌握并在以下情况时，为测量土层剪切波速的勘探孔可不必穿过覆盖层，而只需达到 20m 即可：

对于中软土，覆盖层厚度能肯定不在 50m 左右；
对于软弱土，覆盖层厚度能肯定不在 80m 左右。

如果建筑场地类别处在两种类别的分界线附近，需要按插值方法确定场地反应谐特征周期时，勘察时应提供可靠的剪切波速和覆盖层厚度值。

测量剪切波速的勘探孔数量，应符合现行国家标准《建筑抗震设计规范》（GB 50011）有关规定。

9.10.6 场地地震液化判别应先进行初步判别，当初步判别认为有液化可能时，应再作进一步判别。液化的判别宜采用标准贯入、静力触探、剪切波速等多种方法，综合判定液化可能性和液化等级。

9.10.7 液化初步判别除按现行国家有关抗震规范进行外，尚包括下列内容进行综合判别：
1 分析场地地形、地貌、地层、地下水等与液化有关的场地条件。
2 当场地及其附近存在历史地震液化遗迹时，宜分析液化重复发生的可能性。
3 倾斜场地或液化层倾向水面或临空面时，应评价液化引起土体滑移的可能性。

条文说明

9.10.6、9.10.7 地震液化的岩土工程勘察，应包括三方面的内容，一是判定场地土有无液化的可能性；二是评价液化等级和危害程度；三是提出抗液化措施的建议。

液化判别应先进行初步判别，当初步判别认为有液化可能时，再作进一步判别；液化判别宜用多种方法综合判定，这是因为地震液化是由多种内因（土的颗粒组成、密度、埋藏条件、地下水位、沉积环境和地质历史等）和外因（地震动强度、频谱特征和持续时间等）综合作用的结果；例如，位于河曲凸岸新近沉积的粉细砂特别容易发生液化，历史上曾经发生过液化的场地容易再次发生液化等；目前各种判别液化的方法都是经验方法，都有一定的局限性和模糊性，故强调"综合判别"。

河岸和斜坡地带的液化，会导致滑移失稳，对工程的危害很大，应予特别注意；目前尚无简易的判别方法，应根据具体条件专门研究。

9.10.8 地震液化的进一步判别应在地面以下 20m 范围内进行；对判别液化而布置的勘探点不应少于 6 个，勘探孔深度应大于液化判别深度。

9.10.9 地震液化的进一步判别，除应按现行国家标准的规定执行外，可采用其他成熟方法进行综合判别。当采用标准贯入试验判别液化时，应按每个试验孔的实测锤击数进行。在需作判定的土层中，试验点的竖向间距宜为 1.0~1.5m，每层土的试验点数不宜少于 6 个。

条文说明

评价液化等级的基本方法是：逐点判别（按照每个标准贯入试验点判别液化可能性），按孔计算（按每个试验孔计算液化指数），综合评价（按照每个孔的计算结果，结合场地的地质地貌条件，综合确定场地液化等级）。

9.10.10 判别为可液化的场地，应按国家现行标准《城市轨道交通结构抗震设计规范》（GB 50909）的规定确定可液化土层、各孔的液化指数和场地液化等级。

9.10.11 抗震设防烈度等于或大于 7 度的厚层软土分布区，宜判别软土震陷的可能性和估算震陷量。

条文说明

强烈地震时软土发生震陷，不仅被科学实验和理论研究证实，而且在宏观震害调查中，也证明它的存在，但研究成果尚不够充分，较难进行预测和可靠的计算。从 1976 年唐山地震、1999 年我国台湾和土耳其地震中的破坏实例分析，软土震陷确是造成震害的重要原因，实有明确判别标准和抗御措施之必要。

现行国家标准《构筑物抗震设计规范》（GB 50191），规定 7 度区不考虑软土震陷；8 度区 f_{ak} 大于 100kPa，9 度区 f_{ak} 大于 120kPa 的土可不考虑软土震陷。但上述规定有以下不足：

（1）缺少系统的震陷试验研究资料。

（2）震陷实录局限于津塘 8、9 度地区，7 度区是未知的空白；不少 7 度区的软土比津塘地区（唐山地震时为 8、9 度区）要差，津塘地区的多层建筑在 8、9 度地震时产生了 15~30cm 的震陷，比它们差的土在 7 度时是否会产生大于 5cm 的震陷。初步认定对 7 度区地基承载力特征值 f_{ak}<70kPa 的软土还是应该考虑震陷的可能性并宜采用室内动三轴试验和 H.B.Seed 简化方法加以判定。

（3）对 8、9 度规定的 f_{ak} 值偏于保守。根据天津实际震陷资料并考虑地震的偶发性及所需的设防费用，暂时规定软土震陷量小于 5cm 者可不采取措施，则 8 度区 f_{ak}>90kPa 及 9 度区 f_{ak}>100kPa 的软土均可不考虑震陷的影响。

对自重湿陷性黄土或黄土状土，研究表明具有震陷性。若孔隙比大于 0.8，当含水率在缩限（指土从半固态过渡到固态的稠度界限）与 25% 之间时，应根据需要评估其震陷量。对含水率在 25% 以上的黄土或黄土状土的震陷量可按一般软土评估。关于软土及黄土的可能震陷目前已有了一些研究成果可以参考。例如，当建筑基础底面以下非软土层厚度符合表 9-5 中的要求时，可不采取消除软土地基的震陷影响措施。

表 9-5 基础底面以下非软土层厚度

抗震设防烈度	基础底面以下非软土层厚度（m）	抗震设防烈度	基础底面以下非软土层厚度（m）
7	≥0.5b 且 ≥3	9	≥1.5b 且 ≥8
8	≥b 且 ≥5		

注：b 为基础底面宽度（m）。

9.10.12 场地或场地附近有滑坡、滑移、崩塌、塌陷、泥石流、采空区等不良地质作用时，应分析评价在地震作用时的稳定性及次生灾害对工程的影响。

9.10.13 断裂勘察应查明断裂的位置、宽度、产状、破碎带内的物质组成、胶结程度及含水情况。分析其活动性和地震效应，评价断裂对工程建设可能产生的影响，并提出处理方案。

条文说明

　　断裂勘察的主要研究问题是断裂的活动性和地震，断裂主要在地震作用下才会对场地稳定性产生影响，因此本条规定在抗震设防烈度等于或大于 7 度的地区应进行活动断裂的勘察和评价，这是中低速磁浮交通工程在选址时应进行的一项重要工作，需开展专题研究。

9.10.14 断裂勘察应搜集和分析有关文献档案资料，包括卫星航空相片，区域构造地质，强震震中分布，地应力和地形变，历史和近期地震等。

条文说明

　　当前国内外地震地质研究成果和工程实践经验都较为丰富，在工程中勘察与评价活动断裂一般都可以通过搜集、查阅文献资料，进行工程地质测绘和调查就可以满足要求，只有在必要的情况下，才进行专门的勘探和测试工作。搜集和研究工程所在地区的地质资料和有关文献档案是鉴别活动断裂的第一步，也是非常重要的一步，在许多情况下，甚至只要搜集、分析、研究已有的丰富的文献资料，就能基本查明和解决有关活动断裂的问题。

9.10.15 断裂勘察工程地质调查与测绘应包括下列内容：
　　1　地形地貌特征：山区或高原不断上升剥蚀或有长距离的平滑分界线；非岩性影响的陡坡、峭壁，深切的直线形河谷，系列滑坡、崩塌和山前叠置的洪积扇；定向断续线形分布的残丘、洼地、沼泽、芦苇地、盐碱地、湖泊、跌水、泉、温泉等；水系定向展布或同向扭曲错动等。
　　2　地质特征：近期断裂活动留下的第四系错动，地下水和植被的特征；断层带的破碎和胶结特征等；深色物质宜采用放射性碳 14（C14）法，非深色物质宜采用热释光法或铀系法，测定已错断层位和未错断层位的地质年龄，并确定断裂活动的最新时限。
　　3　地震特征：与地震有关的断层、地裂缝、崩塌、滑坡、地震湖、河流改道和砂土液化等。

条文说明

　　断裂的工程地质调查与测绘工作的开展，是在充分搜集已有文献资料和进行航空相片、卫星、相片解译的基础上进行的。开展工程地质调查与测绘是目前进行断裂勘察、鉴别活动断裂的最重要、最常用的手段之一。活动断裂都是在老构造的基础上发生新活动的断裂，一般说来它们的走向、活动特点、破碎带特性等断裂要素与构造有明显的继承性。因此，在对工程区的断裂进行勘察时，应首先对区内的构造格架有清楚的认识和了解。工程地质调查与测绘可以根据断裂活动引起的地形地貌特征、地质地层特征和地震迹象等鉴别活动特征。

9.10.16 线路工程应建议避让全新活动断裂和发震断裂，避让距离应根据断裂的等级、规模、性质、覆盖层厚度、地震烈度等因素，按有关标准综合确定。非全新活动断裂可不采取避让措施，当浅埋且破碎带发育时，可按不均匀地基处理。

条文说明

本条对断裂的处理措施作了原则的规定。首先规定了对可能影响工程稳定性的全新活动断裂，应采取避让的处理措施。避让的距离应根据工程和活动断裂的情况进行具体分析和研究确定。当前有些标准已作了一些具体的规定，如现行国家标准《建筑抗震设计规范》（GB 50011）在仅考虑断裂错动影响的条件下，按单个建筑物的分类提出了避让距离。

9.11 有害气体

9.11.1 线路地下工程通过工业垃圾和生活垃圾等地段、厚层湖沼、富含有机质的软土地区，以及煤、石油、天然气层、含气的圈闭构造或曾发现过有害气体的地区，应按有害气体进行岩土工程勘察。

条文说明

有害气体系指对人体或工程会造成危害的天然气体。天然有害气体的种类很多，多数并不常见，研究也不充分，常见的有在有机质、工业垃圾、生活垃圾地层中产生的沼气、毒气，煤层中的瓦斯，油气田中的天然气，及缺氧空气。煤层瓦斯最为常见，研究也比较充分。

近年来，在人们认为不会产生有害气体的地层中也发生了可燃气体燃烧或爆炸的事件，以及非可燃、可爆炸的高压气体损害施工人员及机械安全的事件。因此，有害气体勘察前，应十分重视对区域地质和有害气体资料的收集和分析，了解线路通过地区是否存在有害气体及其种类、分布情况，对指导下一步的勘察工作非常有益。在勘察中应重视有害气体的勘察工作，并注意积累有害气体勘察的经验。

9.11.2 有害气体可根据其存在环境和基本成分分为可燃性气体、缺氧空气、毒气等。

条文说明

有害气体常造成可燃气体的爆炸事故，缺氧气体的缺氧事故，毒性气体的中毒事故等危害。

9.11.3 有害气体地段的勘察应查明下列内容：
1 搜集区域地质、矿产地质、水文地质和有害气体区测资料，当地有关有害气体的危害和利用情况，以及当地有害气体的相关专题研究资料。
2 地层成因、沉积环境、岩性特征、结构、构造、分布规律、厚度变化。
3 含气地层的物理化学特征、具体位置、层数、厚度、产状及纵、横方向上的变化特征、圈闭构造。
4 有害气体生成、储藏和保存条件，确定有害气体运移、排放、液气相转换和储存的压力、温度及地质因素。
5 有害气体的分布、范围、规模、类型、物理化学性质。
6 地表水、地下水的发育程度，地下水的补给、径流、排泄条件，地下水水位及变化幅度，含水层分布位置、孔隙率与渗透性，地下水与有害气体的共存关系和占有空间的互补性，确定地下水水量，水、气运移和分布特征对有害气体的影响。
7 调查浅层有害气体的出露及利用情况，查明对工程和施工有影响的厚层湖沼、工业垃圾和生活垃圾等地层中的有害气体。

9.11.4 有害气体的勘探应符合下列要求：
1 有害气体的勘探宜采用钻探，物探测井、现场测试等综合测试方法。
2 勘探点应结合含煤、含油气地层、厚层湖沼、工业垃圾及生活垃圾等地层分布、含气构造和工程类型综合确定；勘探线宜按线路纵、横断面方向布置，并应有部分勘探点通过生气层、储气层部位。
3 勘探点的数量应根据地形地质、工程类型及规模等实际情况确定，应满足对有害气体的分析评价需求。
4 勘探孔深度宜结合生气层、储气层深度确定。
5 岩层、砂层岩芯采取率不宜小于80%，黏性土、粉土、煤层不宜小于90%。
6 各生气层、储气层应取试样不少于2组，顶、底板隔气层各不少于1组。

条文说明

有害气体勘探常用手段为钻探，并在钻孔中测定有害气体的压力、温度，采岩土样、气样进行有害气体的类型、含量、浓度及物理力学、化学指标分析，取得的资料需综合分析、相互验证。勘探点的布置、数量、深度应以查明有害气体的分布范围、空间位置和有关参数为目的，一般应结合各地下工程类型的勘探，必要时增加纵、横向勘探点。

9.11.5 有害气体的测试应包括下列内容：
1 有害气体的类型、含量、浓度、压力、温度及物理化学性质。

2 生气层、储气层的密度、含水率、液限、塑限、有机质含量、孔隙率、饱和度、渗透系数。煤层的密度、孔隙率、水分、挥发分、全硫、坚固性系数，瓦斯放散初速度、含量、压力、涌出量、等温吸附常数、自燃倾向性、煤尘爆炸性。
   3 封闭有害气体的顶、底板的物理力学性质。
   4 水的腐蚀性。

条文说明

目前测试土层中有害气体的方法较多，有抽水后孔内气体浓度测定法、孔内水取样法、气液分离法、泥水探测法、BAT 系统法，前 4 种方法均存在弊病，而由 B. A. Torstensson 开发的 BAT 系统法，能较好地测定土中气体含量和浓度。BAT 系统法的取样装置主要由过滤头、导管、取样筒、压力计组成；操作流程为过滤头设置、取样筒准备（充 He 气）→土中气体的取样、回收（测定气压、孔内温度）→减压→用气相色谱仪对气体作气相、液相分析→评价。

9.11.6 有害气体的分析与评价应包括下列内容：
   1 线路规避有害气体地段的原则，通过有害气体地段时的工程措施建议。
   2 地下工程通过段的工程地质与水文地质条件，有害气体生气层、储气层的埋深、长度、厚度、与线路交角、分布趋势、物理化学性质及封闭圈特征。
   3 地下工程通过段的有害气体类型、含量、浓度、压力，预测施工时有害气体突出危险性、突出位置、突出量，评价有害气体对施工及运营的影响，提出工程措施建议。
   4 必要时编制比例尺为 1:500～1:5000 的详细工程地质图、工程地质纵、横断面图比例尺为 1:200～1:2000，应填绘有害气体的类型、分布范围及生气层、储气层的具体位置、有关参数等。

条文说明

有害气体的评价应重点说明有害气体的类型、含量、浓度、压力、是否会发生突出，其突出的位置、突出量和危害性。目前，在铁路工程勘察中碰到的有害气体主要为瓦斯、天然气，在地铁勘察中遇到的有害气体主要为甲烷，可参照现行有关标准。

10 特殊性岩土

10.1 一般规定

10.1.1 中低速磁浮交通岩土工程勘察应查明沿线与工程有关的特殊性岩土，主要有填土、软土、湿陷性土、膨胀岩土、盐渍土、风化岩和残积土。工程中若遇红黏土、混合土、多年冻土和污染土等特殊性岩土，应按国家现行有关规范、规程进行岩土工程勘察。

条文说明

红黏土是母岩为碳酸盐系，经湿热条件下的红土化作用形成的特殊土类，红黏土分为原生红黏土和次生红黏土。且液限等于或大于50%的高塑性黏土，应判定为红黏土。红黏土经搬运、沉积后仍保留残积黏土的基本特征，且液限大于45%，应判定为次生红黏土。红黏土具有遇水软化、失水收缩强烈、裂隙发育、易剥落等工程地质特征。

10.1.2 特殊性岩土勘察，应通过踏勘、搜集已有工程资料、工程地质调查与测绘等，初步判断工程区的特殊性岩土种类和场地的复杂程度，结合工程类型和重要程度，制订合理的岩土工程勘察方案。

10.1.3 特殊性岩土勘探应结合工程特性，有针对性地布置勘探点的种类、数量、间距和深度等，确定原位测试和室内试验的项目、方法和数量等，查明特殊性岩土的分布特征和工程特性。

条文说明

我国特殊性岩土种类繁多，对分布范围较广的特殊性岩土已进行了深入的研究，先后制定了不少国家标准、行业标准和地方标准，如现行国家标准《湿陷性黄土地区建筑标准》（GB 50025）、《膨胀土地区建筑技术规范》（GB 50112）、《冻土工程地质勘察规范》（GB 50324）和现行行业标准《软土地区岩土工程勘察规程》（JGJ 83）等，这些标准都是从特殊性岩土的工程特性出发，对勘察工作量、勘察方法、勘察手段和勘察成果等进行了较为详细的规定。制定本条目的，也是要求在特殊性岩土场地勘察时，要有针对性地开展勘察工作。

10.1.4 应评价特殊性岩土对中低速磁浮交通工程建设和运营的影响，提供设计与施工所需的特殊性岩土的物理力学参数。

10.2 填土

10.2.1 填土是由人类活动堆填的土，根据物质组成和堆填方式，可分为以下四类：
   1 素填土：天然土经人工扰动和搬运堆填的土，不含杂质或含杂质很少，由碎石土、砂土、粉土和黏性土等一种或几种材料组成。
   2 杂填土：含有大量建筑垃圾、工业废料或生活垃圾等杂质的填土。
   3 冲填土（吹填土）：由水力冲填泥砂形成的填土。
   4 压实填土：按一定标准控制材料成分、密度、含水率，分层压实或夯实的填土。

10.2.2 填土勘察应包括下列内容：
   1 通过调查访问和搜集资料，影像追溯，调查地形和地物的变迁，填土场及垃圾填埋场填土的来源、堆积年限和堆积方法。
   2 查明填土的分布范围、厚度、物质成分、含水率、密度、颗粒级配、有机质含量、均匀性、密实性、压缩性、湿陷性和腐蚀性等。
   3 冲填土需查明其排水条件和固结程度。
   4 查明地下水的赋存状态、补给、径流、排泄方式及水质，判定地下水的腐蚀性及与相邻地表水体的水力联系。

条文说明

对填土地段进行勘察的目的在于查明填土类型、厚度、工程性质，评价其作为工程的天然地基的适宜性，据此提出相应的工程措施建议。

一般情况下，填土的固结程度与堆积年限和堆积方法具有较为密切的关系。填土密实程度差，压缩性高，固结压力小，主要由自重压力固结，而对于年轻的填土，可能仍在经受自重压力的固结。粗颗粒土在自重压力作用下压密时间较细粒土所需时间短。一般认为，黏性土需10年以上，粉土、砂类土5年以上，其沉降就会趋于稳定。除去超载的情况，正常情况下，填土大多表现为欠固结或正常固结状态，无法直接作为地基土。因此，查明填土的堆积年限和堆积方法，对填土特性和地基承载力的分析评价具有重要意义。

填土的物质成分和堆填方式决定了填土的类型。在城市附近，需十分重视生活垃圾填埋场的调查。已经封闭的垃圾填埋场往往上面覆盖了一定厚度的土层，甚至已经复垦或绿化，不易被发现，勘察中应重视调查访问和通过加强勘探查明。矿渣或工业废料堆积场地，成分为粗颗粒土的素填土一般回填不密实，其中有很大的孔隙，且不易查清，对轨道工程危害很大，勘察中应十分重视这一问题。

填土中地下水的水质常受填土物质组成的影响，水质均存在不同程度的污染，尤其在生活垃圾、矿渣和工业废料填埋场及其附近，受污染的地下水可能会随地下水流系统进行运移，污染临近场地地下水，甚至污染水力联系较密切的地表水，进而可能造成土的污染等，勘察中对地下水水质及与相邻地表水的水力联系情况也需要重视。

10.2.3 填土的勘探应符合下列要求：

1 勘探点的密度应能确定暗埋的塘、浜、沟、坑的范围，查明填土的分布、厚度、工程性质及其变化。

2 勘探孔的深度应穿透填土层，并应满足工程设计及地基加固施工的需要。

3 勘探方法应根据填土性质确定。对以粉土或黏性土为主的素填土，可采用钻探取样、轻型钻具与原位测试相结合的方法；对含较多粗粒成分的素填土和杂填土，宜采用动力触探、钻探，并配合适量探井。

条文说明

暗埋的塘、浜、沟、坑等填土后多成为地下水的储水体，地下水的富集致使填土的土质较软，进而引起建筑物不均匀沉降，同时填土的物质成分和厚度多变，勘探点的布置需根据具体情况有目的地进行追索、圈定，勘探点的密度宜按勘探目的逐步加密。勘探、测试工作宜从多方面、多手段对填土的工程性质进行探查。布置勘探点、测试点的目的：其一是查明填土的厚度和基底起伏情况；其二是满足设置工程强度要求。勘探点的深度应满足地基承载能力和沉降检算要求，可按土的压缩层厚度考虑填土的勘探与取样也应有一定数量的探井，这既是对填土成分和组织结构进行直接观察的需要，也是采取高质量等级的土样和进行大体积密度测定的需要。便携钻具由于成本低、能进入到钻机不易去的地方等，在固定填土范围时能发挥较大的作用。

10.2.4 填土的工程特性指标宜采用原位测试为主，辅以室内试验确定：

1 填土的均匀性和密实度宜采用触探法，并辅以室内试验。轻型动力触探适用于黏性、粉性素填土，静力触探适用于冲填土和黏性填土，重型动力触探适用于粗粒填土。

2 填土的压缩性、湿陷性宜采用室内固结试验或现场载荷试验。

3 杂填土的密度试验宜采用大容积法。

4 对压实填土，应测定干密度，并应测定相应填料的最优含水率和最大干密度，计算压实系数。

5 填土的承载力可采用原位测试方法结合当地经验确定，必要时应做载荷试验。

条文说明

由于填土的物质成分多变，取高质量等级的土样不但不易而且所测得的岩土技术性质参数变异性大，为弥补这些不足应充分利用原位测试技术，特别是轻便型的原位测试设备。只有勘探取样和原位测试结合起来，才能取得好的效果。

鉴于目前对填土承载力的确定尚无完整系统的成熟方法，所以需采用对大量测试试验数据进行统计分析，采用工程地质条件对比法进行综合研究确定。对重要建筑物，应根据地质条件进行现场载荷试验。填土主要试验项目有颗粒级配、液限、塑限、天然含水率、密度（对于杂填土应在现场用大容积法测定）、压缩性、湿陷性。对冲（吹）填土的固结度，对有膨胀性的填土要按膨胀土要求测定各项膨胀性指标。

10.2.5 填土的岩土工程评价应包括下列内容：

1 阐明填土的成分、分布、堆积年代，判定地基的均匀性、压缩性和密实度；必要时应按厚度、强度和变形特性分层或分区评价。

2 对填土的承载力、抗剪强度、基床系数和天然密度等提出建议值。

3 暗挖工程应评价填土及其含水状况对隧道围岩稳定性的影响，提出处理措施和监测工作的建议。

4 明挖、盖挖工程应评价填土对边坡坡度、支护形式及施工的影响，提出处理措施和监测工作的建议。

条文说明

填土的岩土工程分析与评价应结合填土的主要特点，填土的压缩性高低和强度大小与堆填时间、方法及历史超载程度有直接关系。填土是否有过超载和超载程度，除进行调查和经验分析外，有时还可通过室内试验解决。在有相似建筑经验的地区，轻便静力触探、动力触探等测试数据有时也能反映超载效应是否存在。

对于中低速磁浮交通工程而言，除了地基问题外主要就是基坑和隧道开挖问题，因此填土的承载力、抗剪强度、基床系数和天然密度等物理力学指标是必不可少的。有较厚填土分布场地，基坑坑壁局部或大范围坍塌是深基坑开挖时的常遇现象，特别当填土形成年代较短和成分复杂时更为常见。

10.2.6 填土地基基坑开挖后应进行施工验槽，处理后的填土地基应进行质量检验，复合地基宜进行大面积载荷试验。

条文说明

填土的物质成分和分布厚度复杂多变，即使有可观的勘探点密度和数量，也难免存在遗漏。坚持施工验槽，能揭露勘探过程中遗漏的重要现象。补充勘探、测试工作可以修改岩土工程评价和建议中的不当、不足之处，防止事故，积累经验。

10.3 软土

10.3.1 天然孔隙比不小于1.0，且天然含水率大于液限的细粒土应判定为软土，包括淤泥、淤泥质土、泥炭、泥炭质土等，可按表10.3.1进行分类。

表10.3.1 软土的分类

土的名称	划分标准	备注
淤泥	$e \geq 1.5$，$I_L > 1$	e——天然孔隙比；
淤泥质土	$1.0 \leq e < 1.5$，$I_L > 1$	I_L——液性指数；
泥炭	$W_u > 60\%$	W_u——有机质含量
泥炭质土	$10\% < W_u \leq 60\%$	

条文说明

软土分类中的淤泥和淤泥质土在现行国家标准《建筑地基基础设计规范》（GB 50007）有明确的定义。泥炭和泥炭质土中含有大量未分解的腐殖质，有机质含量大于60%为泥炭；有机质含量10%~60%为泥炭质土。软土的成因类型见表10-1。

表10-1 软土的成因类型

地貌特征	成因类型	沉积特征
滨海平原	滨海相	土质不均、极疏松，具交错层理，常与砂砾层混杂，砂砾分选、磨圆度好，有时也有生物贝壳及其碎片局部富集
	泻湖相	颗粒细、孔隙比大、强度低，显示水平纹层，交错层不发育，常夹有泥炭薄层
	溺谷相	孔隙比大、结构疏松、含水量高
	三角洲相	分选性差，结构疏松，多交错层理，多粉砂薄层
湖积平原	湖相	沉积物中粉土颗粒成分高，季节韵律带状层理，结构松软，表层硬壳厚度不规律
河流冲积平原	河漫滩相	沉积物成层情况较复杂，呈特殊的洪水层理，成分不均一，以淤泥及软黏性土为主，间与砂或泥炭互层
	牛轭湖相	沉积物成层情况较复杂，成分不均一，以淤泥及软黏性土为主，间与砂或泥炭互层，下部含有各种植物物质和软体动物贝壳
山间谷地	谷地相	软土呈片状、带状分布，靠山边浅，谷地中心深，厚度变化大；颗粒由山前到谷地中心逐渐变细；下伏硬层坡度较大
泥炭沼泽地	沼泽相	以泥炭沉积为主，且常出露于地表，孔隙极大，富有弹性，下部有淤泥层或薄层淤泥与泥炭互层

近年来，在铁路工程中对于在静水或缓慢流水的环境条件下沉积，或在地势低洼、地表积水或山腰鞍部、斜坡地下水位出露地段沉积的具有天然含水率高、孔隙比大、压缩性高，有机质含量较多、土体呈软塑到流塑状态，抗压、抗剪强度低的软黏性土、软粉土、淤泥或淤泥质土、泥炭及泥炭质土时，其虽不具备软土特征，但其承载力低、高

压缩性对工程影响大，应作为重点进行勘察。

10.3.2 软土勘察应包括下列内容：

1 软土分布区的地形、地貌特征，微地貌形态和暗埋的塘、浜、沟、坑、穴、渠、古河道的分布范围、埋藏深度、填土特征。

2 软土的成因类型、埋藏条件、分布规律、岩性特征、地层结构、层理特征，水平与垂直向的均匀性、渗透性。

3 地表硬壳层的分布与厚度；硬夹层的分布形态与厚度；下伏硬土层或基岩的埋藏条件、分布特征和起伏变化情况。

4 软土的固结历史与程度、强度、变形特征、灵敏度、有机质含量等。

5 地下水埋藏情况、补给与排泄条件、季节变化幅度、与地表水体的水力联系及对基础施工的影响。

6 调查基坑开挖、隧道掘进、基桩施工、填筑工程、工程降水等造成的土性变化、土体位移、地面变形及由此引起的工程设施受损或破坏及处理的情况。

7 地震区产生震陷的可能性及对震陷量的估算和分析。

条文说明

本条是针对软土形成的地理、地质环境条件和主要的岩土技术特性提出，地貌的变化在很大程度上反映了地质情况的变化，特别是微地貌，往往是地层变化或软土分布在地表上的反映（例如：在平原区地貌突变处，有可能有暗埋湖塘、洼浜或古河道），因此，勘察中应注意微地貌的变化，有助于查明软土层的分布。

不同成因的软土，由于其沉积环境不同，其分布范围、层位的稳定性、土层的厚度均有其特点。软土的厚度及其变化对沉降和差异沉降的预测，地基处理与结构措施的选择，桩基设计及基坑开挖与支护方法关系很大，其中应特别重视查明砂层和含砂交互层的存在与分布，因为这涉及软土地层的排水固结条件、沉降历时长短与强度在荷载作用下的传递速度，甚至会关系到一个工程项目的可行性。

查明软土的硬壳和硬底状态，对分析各类工程的稳定和变形具有重要意义。

软土的固结应力历史及反映这个历史的不排水抗剪强度，先期固结压力（也称最大历史压力），e-$\lg P$ 曲线上的回弹指数与压缩指数等对确定软土的承载力，选择地基处理方法及预测地基性状与表现等是重要的依据。将软土按超固结比 OCR 划分为欠固结土、正常固结土与超固结土（后者还可进一步划分）对反映软土固结应力历史具有实用意义。

软土中的含水层数量、位置、颗粒组成与各层的水头高度是深基坑降水、开挖与支护设计及地下结构的防水所需要的资料。

应指出施工或相邻工程的施工（包括降水、开挖、设桩或大面积填筑等）会导致软土中应力状态的突变或孔隙水压的骤升，使土体和已竣工工程变形、位移或破坏。软土的勘察应特别注意此类问题的分析，并提出措施建议。

软土多呈软塑或流塑状态，软土地基在地震荷载作用下瞬间内出现突发性超量沉陷，以及不均匀沉降，即为软土震陷。软土勘察中需判别软土是否具有震陷的可能性，对于具有震陷性的软土应判定其震陷量，并分析评价其危害性。软土的震陷可按现行国家标准《建筑抗震设计规范》（GB 50011）进行判别。

10.3.3 软土的勘探应符合下列要求：

1 采用钻探取样和原位测试相结合的综合勘探方法，原位测试宜采用静力触探试验、旁压试验、十字板剪切试验、扁铲侧胀试验、载荷试验和螺旋板载荷试验等。

2 勘探点的平面布置应根据工程类型、场地类别、施工方法、基础形式、软土特征和岩土工程治理的需要确定；勘探点的密度应满足相应勘察阶段岩土工程评价、工程设计的需要，宜为25~50m。当软土层变化较大或有暗埋的塘、浜、沟、坑、穴时应予加密，必要时应有横断面控制，横断面间距不大于100m，每个工点不少于1个横断面，每个断面不应少于2个勘探点。

3 勘探孔的深度应穿透软土层，并满足工程设计及地基加固施工的需要。当软土层较厚时，勘探、测试孔深度应满足地基压缩层的计算深度和围护结构计算的要求。

4 软土应采用薄壁取土器采取Ⅰ级土样，应按相关要求进行钻探、取样，并及时送样、试验。对重要工点和重要的建筑物，在工程地质单元中每层的试样数量不应少于10组。

条文说明

本条主要针对软土的特殊性，提出勘探与取样的要求。

勘探手段以钻探取样与原位测试相结合为原则；在软土地区用静力触探孔取代相当数量的勘探孔，不仅减少钻探取样和土工试验的工作量，缩短勘察周期，而且可以提高勘察工作质量；静力触探是软土地区十分有效的原位测试方法；标准贯入试验对软土并不适用，但可用于软土中的砂土、硬黏性土等。静力触探最大的优点在于精确分层，用旁压试验测定软土的模量和强度，用十字板剪切试验测定内摩擦角近似为零的软土强度，实践证明是行之有效的。扁铲侧胀试验和螺旋板载荷试验也是最适用于软土地区。

原位测试进行软土地基的勘探、测试虽然具有显著的优越性，但目前还只能通过各种相关关系的建立来提供软土的物理力学指标。所以，对各种勘探、测试方法、设计参数的选取，在有经验的地区，应充分利用当地的有关规则、规定和经验公式，宜结合当地经验进行，以保证勘探结果的可靠性。

勘探点的密度主要针对不同成因类型的软土和地基复杂程度进行布置。勘探孔的深度，不要简单地按地基变形计算深度确定，而是需要根据地质条件、工程设计特点、可能的基础类型及预计可能的地基处理方案的要求等进行综合确定。地基变形计算深度宜用应力比法控制，在实际工作中，可做如下控制：

对于均质厚层软土，软土地基附加应力为自重应力的比例为0.1~0.15时相应的深度；

对于非均质分布的软土地层,软土地基附加应力为自重应力的比例为 0.15~0.2 时相应的深度;如果在影响深度范围内,软土层下出现有密实或硬塑的下卧硬层(如半坚硬黏土层等硬土层、砂层等)或岩质底板时,在查明其性质并确定有一定厚度后,可不再继续计算;

压缩层计算中应注意:对可透水性饱和土层的自重应力应用浮重度;当软弱土地基不均匀时,所确定的计算深度下如果还有软土层,则应继续向下计算,以避免计算深度下的软土层的变形使总变形量超过允许变形值。

软土易扰动,保证取土质量十分重要,故本条作了专门规定。

10.3.4 软土的室内试验应符合下列要求:

1 试验项目应根据勘察阶段、工程类别和处理措施进行选定。

2 除常规项目外,还应包括:渗透系数、固结系数、抗剪强度、静止侧压力系数、灵敏度、有机质含量等。

3 应根据工程对变形计算的不同要求,测定软土的压缩系数、压缩模量、先期固结压力、压缩指数、回弹指数和固结系数等压缩性指标,可分别采用常规固结试验、高压固结试验等方法确定。软土常规固结试验的加荷等级应根据土体特征、自重压力和工程荷重确定。

4 软土的抗剪强度指标宜采用三轴剪切试验确定。

5 有机质含量宜采用重铬酸钾容量法测定。

条文说明

室内试验方法测定软土的力学性质时,应合理进行试验方法的选取。地基承载力计算测定强度参数时,当加荷速率高,土中超孔隙水压力消散慢,宜采用自重压力预固结的不固结不排水剪(UU)试验或快剪试验。当加荷速率低,土中孔隙水压力消散快,可采用固结不排水剪(CU)试验或固结快剪试验。

支护结构设计中土压力计算所需用的抗剪强度参数应根据不同条件和要求选用总应力强度参数或有效应力强度参数。后者可用固结不排水剪(CU)测孔隙水压力试验确定。固结试验方法,各土样的最大试验压力及所取得的系数应符合沉降计算的需要。

10.3.5 软土的岩土工程评价应包括下列内容:

1 应按土的先期固结压力与上覆有效土自重压力之比,判定土的历史固结程度。

2 应根据软土的成层、分布及物理力学性质对影响或危及工程安全的不均匀沉降、滑动、变形做出评价,提出加固处理措施的建议。

3 邻近有河湖、池塘、洼地、河岸等边坡时,应分析评价软土侧向塑性挤出或滑移的危险,并提出工程处理措施建议。

4 软土下卧层为基岩或硬土层且其表面倾斜时,应分析判定地基土受力范围内软土沿此倾斜面产生滑移或不均匀变形的可能性,并提出工程处理措施建议。

5 抗震设防烈度不小于7度的厚层软土，应分析评价场地或地基的地震效应和软土震陷的可能性。

6 软土地基、围岩中含有沼气等有害气体时，应分析判定气体的逸出对地基和围岩稳定性、变形及施工的影响。

7 软土地基主要受力层范围内，有薄砂层或软土与砂土互层时，应分析判定其对地基变形和承载力的影响。

8 软土不宜作为桩基础持力层，桩基评价应考虑软土继续固结所产生的负摩阻力。当桩基邻近有大面积堆载时，应分析其对桩的侧向位移或倾斜的不利影响。

9 根据工程对沉降的限制要求，采用室内试验、原位测试和当地经验等多种方法综合分析评价软土地基的承载力；一般建筑物可利用静力触探或其他原位测试成果与其他相应土性的直接试验结果，结合地区经验确定；对已有建筑经验的地区，可采用工程地质类比法确定；对重要建筑物和缺乏经验的地区，宜采用载荷试验方法确定。

10 判定地下水位的变化幅度和承压水头等水文地质条件对软土地基和隧道围岩稳定性和变形的影响；评价施工降水或大量抽取地下水引起地下水位下降后，发生地面沉降的可能性及其对工程和周围环境的影响。

11 对软土地层基坑和隧道的开挖、支护结构类型、地下水控制提出建议，提供抗剪强度参数、土压力系数、渗透系数等岩土参数。

12 对软土场地因施工、取土、运输等原因产生的环境地质问题应作出评价，并提出相应措施。

条文说明

本条按超固结比划分软土，对确定承载力和预测沉降有启发、指导作用，掌握了软土的灵敏度有助于重视挖土方法，选好支护措施或合理布置打桩施工程序，以防止出现坑底隆起、土体滑移或桩基变位等事故。

软土地区的相关交通运营线路已经出现了过量沉降问题，并导致隧道结构开裂、渗漏水等问题，产生过量沉降的因素很复杂，一般包括施工扰动、自然固结以及运营震动影响等。因此，软土地区的沉降问题应引起勘察与设计人员的高度重视。

10.4 湿陷性土

10.4.1 湿陷性土的勘察应查明下列内容：

1 湿陷性土的时代、成因、分布。
2 湿陷性土的地层结构、厚度以及与非湿陷性土层的关系。
3 湿陷系数和自重湿陷系数随深度的变化。
4 场地湿陷类型和地基湿陷等级及其平面分布。
5 大气降水的汇流与排泄条件，地下水位随季节升降变化的可能性、变化趋势和幅度。

6 当地消除湿陷性的建筑经验。

条文说明

湿陷性土在我国分布广泛，湿陷性碎石土、湿陷性砂土等由于岩土类别和自身特性与黄土的差异性，其湿陷性评价不能完全按照现行国家标准《湿陷性黄土地区建筑标准》(GB 50025)的有关规定进行，本规范对这类湿陷性土进行了说明。这类土主要分布在我国干旱和半干旱地区，特别是在山前洪、坡积扇（裙）中常遇到湿陷性碎石土、湿陷性砂土等。这类土在一定压力下浸水也常呈现强烈的湿陷性。这类非黄土的湿陷性土的勘察评价首先要判定是否具有湿陷性，因为这类土不容易像黄土一样取原状土样进行室内浸水压缩试验，所以对于这类非黄土的湿陷性土宜采用现场浸水载荷试验作为判定湿陷性的基本方法，通常在200kPa压力作用下浸水载荷试验的附加湿陷量与承压板宽度之比等于或大于0.023的土应判定为湿陷性土。

本条所列的内容为湿陷性土勘察的经验总结。

土的湿陷性是否显示和显示大小与所施加的压力有密切关系。一般情况下，土的形成时间愈早，其在浸水时显示湿陷性所需的压力愈大。例如新近堆积黄土（Q_4^2）和一般湿陷性黄土（$Q_4^1+Q_3^2$）在200kPa的压力下就能够较充分地显示其湿陷性，相对时间更老的离石黄土（$Q_2^2+Q_2^1$）显示出湿陷性则需要较高的压力，并且时代愈早所需的压力愈大。土的成因与湿陷性高低也有一定关系。例如，在相同的形成时代下，坡积土的湿陷性一般要高于冲积土。

湿陷性土的地层结构是指不同时代湿陷性土的层序分布，以及与之相关的非湿陷性黄土层的相互位置关系，包括基岩、砂砾层等下卧地层的深度与起伏形态。这与湿陷性场地的岩土工程评价，防止湿陷事故与消除湿陷性措施的选取关系密切。

查明湿陷系数与自重湿陷系数沿深度的变化，既有助于对地基岩土工程的深入评价，也有助于针对性地选取相应的工程技术措施。

10.4.2 湿陷性土的勘探应符合下列规定：

1 勘探点的平面布置及间距应根据勘察阶段、建筑物特性和岩土工程条件确定，对湿陷性分布极不均匀的场地应加密勘探点。

2 探井数量宜占取土勘探点总数的1/3~1/2。

3 取土勘探点的数量应为勘探点总数的1/2~2/3，当勘探点间距较大或数量较少时，宜将所有勘探点作为取土勘探点。

4 勘探点深度应大于地基压缩层深度，在自重湿陷性场地尚应穿透湿陷性土层，并满足工程设计及地基处理施工的需要；在非自重湿陷性场地尚应到达基础底面以下不小于10m。

5 不扰动土试样应为Ⅰ级土样，并应在探井中取样，竖向间距宜为1m，土样直径不应小于120mm，且取样应按现行国家标准《湿陷性黄土地区建筑标准》(GB 50025)

执行。

6 湿陷性碎石土和砂土，宜采用动力触探试验和标准贯入试验确定力学特性。

7 探井和钻孔应分层回填夯实，回填土的干密度不应小于 1.5g/cm^3。

条文说明

本条是针对湿陷性土的特殊性质提出的相应勘探规定：

一般情况下，湿陷性土分布的勘察场地的地貌、地质条件比较特殊，勘探点间距一般不宜过大，在满足勘察阶段和工程要求的基础上，必要时还需要对勘探点进行加密。

由于湿陷性土的结构易破坏，迄今无论国外或国内，探井仍是采取原状黄土样不可缺少的手段，有时还可以作为主要的手段。

为了保证湿陷性评价的准确性，湿陷性土样的质量等级必须是Ⅰ级，否则可能错误地歪曲或降低地基的湿陷等级，严重时还会将等级本属严重湿陷性的地基错定为非湿陷性或轻微湿陷性地基。对黄土钻探取样必须采用专用的黄土薄壁取土器和相应的钻进取样工艺，应符合现行国家标准《湿陷性黄土地区建筑标准》（GB 50025）附录E的规定。

10.4.3 湿陷性土的试验应符合下列规定：

1 湿陷性土试样除测定一般物理力学性质外，尚应进行湿陷系数、自重湿陷系数、湿陷起始压力等试验，对浸水可能性大的工程，应进行饱和状态下的压缩和剪切试验。

2 对不能取得不扰动土试样的湿陷性土，应在探井中采用大体积法测定密度和含水率。

3 黄土的基坑稳定性计算与支护设计所需抗剪强度指标宜采用三轴固结不排水剪试验（CU），在初步设计阶段可采用固结快剪试验。

4 根据工程需要可进行现场试坑浸水试验和现场载荷试验。现场浸水试验应在不同深度处分别进行，并应不受相邻试验的浸水影响。

5 湿陷性黄土的原位及室内试验应按现行国家标准《湿陷性黄土地区建筑标准》（GB 50025）的有关规定执行。

条文说明

本条依据湿陷性土的特性，提出了试验测试的基本内容：

由于湿陷性土的特殊性，在浸水情况下强度降低很多，因此对有浸水可能性或地下水位可能上升的工程，除进行天然状态下的试验外，建议进行饱和状态下的压缩和剪切试验。

湿陷性碎石土、湿陷性砂土等由于其特殊的形成和分布特征，一般情况下无法取得原状土试样进行室内试验，对其密度和含水率等的测定宜在现场进行测试。

10.4.4 湿陷性土的岩土工程评价应包含下列内容：

1 对湿陷性土应划分湿陷程度和地基湿陷等级。

2 当黄土湿陷系数（δ_s）值小于 0.015 时，应定为非湿陷性黄土；当湿陷系数（δ_s）值等于或大于 0.015 时，应定为湿陷性黄土。湿陷性黄土的湿陷程度，可根据湿陷系数（δ_s）值的大小按表 10.4.4-1 的规定确定。

表 10.4.4-1 湿陷性黄土的湿陷程度分类

湿陷程度	试验条件	湿陷程度	试验条件
轻微	$0.015 \leq \delta_s \leq 0.030$	强烈	$\delta_s > 0.070$
中等	$0.03 < \delta_s \leq 0.070$		

3 湿陷性黄土场地湿陷类型：当自重湿陷量实测值 Δ'_{zs} 或计算值 Δ_{zs} 小于或等于 70mm 时，应判定为非自重湿陷性黄土场地；大于 70mm 时应判定为自重湿陷性黄土场地。

4 湿陷性黄土地基湿陷量 Δ_s 计算方法按现行国家标准《湿陷性黄土地区建筑标准》（GB 50025）的有关规定执行。湿陷性黄土地基的湿陷等级应根据场地的湿陷类型、计算自重湿陷量 Δ_{zs} 和湿陷量 Δ_s 按表 10.4.4-2 的规定确定。

表 10.4.4-2 湿陷性黄土地基的湿陷等级

湿陷量 Δ_s（mm）	湿陷类型 自重湿陷量 Δ_{zs}（mm）	非自重湿陷性场地 $\Delta_{zs} \leq 70$	自重湿陷性场地 $70 < \Delta_{zs} \leq 350$	自重湿陷性场地 $\Delta_{zs} > 350$
$50 < \Delta_s \leq 100$		Ⅰ（轻微）	Ⅰ（轻微）	Ⅱ（中等）
$100 < \Delta_s \leq 300$			Ⅱ（中等）	
$300 < \Delta_s \leq 700$		Ⅱ（中等）	*Ⅱ（中等）或Ⅲ（严重）	Ⅲ（严重）
$\Delta_s > 700$		Ⅱ（中等）	Ⅲ（严重）	Ⅳ（很严重）

注：* 当湿陷量的计算值 Δ_s 大于 600mm、自重湿陷量的计算值 Δ_{zs} 大于 300mm 时，可判定为Ⅲ级，其他情况可判定为Ⅱ级。

5 湿陷性碎石土、湿陷性砂土、湿陷性粉土和湿陷性填土等的湿陷程度划分应按表 10.4.4-3 的规定划分。

表 10.4.4-3 湿陷性土的湿陷程度分类

湿陷程度	试验条件	附加湿陷量 ΔF_s（cm）	
		承压板面积 $0.50m^2$	承压板面积 $0.25m^2$
轻微		$1.6 < \Delta F_s \leq 3.2$	$1.1 < \Delta F_s \leq 2.3$
中等		$3.2 < \Delta F_s \leq 7.4$	$2.3 < \Delta F_s \leq 5.3$
强烈		$\Delta F_s > 7.4$	$\Delta F_s > 5.3$

注：对能用取土器取得不扰动试样的湿陷性粉砂，其试验方法和评定标准按现行国家标准《湿陷性黄土地区建筑标准》（GB 50025）执行。

6 湿陷性碎石土、湿陷性砂土、湿陷性粉土和湿陷性填土等的地基湿陷量 Δ_s 计算方法按现行国家标准《岩土工程勘察规范》（GB 50021）的有关规定执行。湿陷等级应根据湿陷量 Δ_s 和湿陷性土总厚度按表 10.4.4-4 的规定确定。

表 10.4.4-4　湿陷性碎石土等其他湿陷性土地基的湿陷等级

总湿陷量 Δ_s（mm）	湿陷性土总厚度（m）	湿陷等级
$50 < \Delta_s \leq 300$	>3	Ⅰ
	≤3	Ⅱ
$300 < \Delta_s \leq 600$	>3	
	≤3	Ⅲ
$\Delta_s > 600$	>3	
	≤3	Ⅳ

7　湿陷性黄土的承载力应按现行国家标准《湿陷性黄土地区建筑标准》（GB 50025）的有关规定确定，湿陷性碎石土、湿陷性砂土、湿陷性粉土和湿陷性填土等的承载力宜采用载荷试验或其他原位测试确定。

8　应根据湿陷性土的土质特征、湿陷等级和当地建筑经验等综合因素，提出消除地基湿陷性措施的建议。

9　对湿陷性土边坡，当浸水因素可能引起湿陷性土本身或其与下伏地层接触面的强度降低时，应进行稳定性评价。

10　应对自重湿陷性场地的桩基设计提出负摩阻力值的建议。负摩阻力的确定宜采用现场试验，或综合当地建筑经验和现行国家标准《湿陷性黄土地区建筑标准》（GB 50025）的有关规定确定。

11　应对黄土中可能存在的钙质结核及钙质结核富集层对隧道施工的影响进行分析评价。

条文说明

黄土的湿陷性室内试验是在现场采取不扰动土样，送至试验室用完全侧限固结仪测定，也可用三轴压缩仪测定。前者试验操作较简便，我国自20世纪50年代至今，生产单位一直广泛使用；后者试样制作较为复杂，多为教学和科研使用。根据试验结果，以湿陷系数 0.015 作为湿陷性土和非湿陷性土的分界线。

多年来的试验研究资料和工程实践表明，湿陷系数 $\delta_s \leq 0.030$ 的湿陷性黄土，湿陷起始压力较大，地基受水浸湿时，湿陷性轻微，对建筑物危害性较小；$0.030 < \delta_s \leq 0.070$ 湿陷性黄土，湿陷性中等或较强烈，湿陷起始压力小的具有自重湿陷性，地基受水浸湿时，下沉速度较快，附加下沉量较大，对建筑物有一定危害性；湿陷系数 $\delta_s > 0.070$ 的湿陷性黄土，湿陷起始压力小的具有自重湿陷性，地基受水浸湿时，下沉速度快，附加下沉量大，对建筑物危害性大。勘察、设计，尤其是地基处理，应根据湿陷程度及特点区别对待。

10.5 膨胀岩土

10.5.1 富含亲水矿物，吸水显著膨胀、软化、崩解，失水收缩开裂，能随环境变化往复胀缩变形的岩土，应判定为膨胀岩土。

条文说明

膨胀岩土包括膨胀土和膨胀岩，目前尚无统一的判定标准，一般采用综合判定，分初判和详判两步。初判主要根据野外地质特征和自由膨胀率，详判是在初判的基础上，作进一步的室内试验分析。

一般情况下，膨胀土可以根据其具有的基本特征进行初判：多分布在二级或二级以上阶地、山前丘陵和盆地边缘；地形平缓，无明显自然陡坎；常见浅层滑坡、地裂，新开挖的路堑、边坡、基槽易发生坍塌；裂缝发育，方向不规则，常有光滑面和擦痕，裂缝中常充填灰白、灰绿色黏土；干时坚硬，遇水软化，自然条件下呈坚硬或硬塑状态；自由膨胀率一般大于40%；未经处理的建筑物成群破坏，低层较多层严重，刚性结构较柔性结构严重；建筑物开裂多发生在旱季，裂缝宽度随季节变化。

膨胀岩是指含大量亲水矿物，当含水率变化时，产生较大的体积变化的一类岩石。常见的膨胀岩有弱—中等胶结的黏土岩和硬石膏、无水芒硝、钙芒硝等岩石，以及含黄铁矿、白铁矿的岩石和断层泥等。膨胀岩的资料较少，膨胀岩问题是当今工程地质学和岩石力学领域中最复杂的研究课题之一，目前对膨胀岩的定量判别和等级划分还没有统一的标准，尚待以后经验积累，故本节对膨胀岩只做了原则性的规定。

10.5.2 膨胀土的勘察应包含下列内容：

1 划分地貌单元和场地类型，查明场地内岩土膨胀造成的滑坡、地裂、小冲沟等的分布，分析微地貌、地形形态及其演变特征。

2 查明膨胀土的地层岩性、地质年代、成因、结构、分布及颜色、节理、裂隙等外观特征。

3 查明膨胀土的强度、胀缩特性及不同膨胀潜势、胀缩等级的分布特征。

4 调查地表水排泄、积聚情况；地下水类型、水位及其变化幅度；土层中含水率的变化规律。

5 搜集当地历年降雨量、蒸发量、气温、地温、干湿季节、干旱持续时间等气象资料，查明大气影响深度。

6 调查当地建筑物的结构形式、基础形式和埋深，建筑物和道路的损坏形式，发生发展特点与防治措施等建筑经验。

7 调查当地天然及人工植被的分布，浇灌方式。

条文说明

膨胀岩土具有自身特性，本条所列内容对膨胀岩土的评价是必需的。

本条内容强调微地貌、当地气象特点、建筑物破坏情况、地下水和地表水（自然地表水体及人工灌溉等）的调查。大气影响深度是自然气候作用下，由降水、蒸发、地温等引起土的胀缩变形的有效深度。在我国，根据现有资料，大气影响深度一般为 3～5m。大气影响急剧层的深度是大气影响特别显著的深度，一般为大气影响深度的 0.45 倍。确定大气影响深度，一般应收集降水量、蒸发量、气压、地温、雨季和旱季的持续时间等主要气象资料。

膨胀土具有吸水显著膨胀软化，失水急剧收缩开裂的特性，对一般轻型建筑物有破坏作用，且不易修复。因此，在提供膨胀土承载力时，应慎重考虑气候的影响。实践证明：在膨胀土表层受气候作用影响的深度范围内，承载力的衰减状况明显且幅度较大，特别经过一次严重干旱以后再浸湿时，地基强度有较大的降低，这是膨胀土的一种特性。故采用浅基础时，其容许承载力应结合实际作适当调整，必要时尚应采取保湿或防水的特殊措施。

10.5.3 膨胀岩的勘察除满足本规范第 10.5.2 条的规定外，还应查明膨胀岩的岩层产状、风化程度、地质构造，以及节理、裂隙构造及其空间分布规律。

10.5.4 膨胀岩土的勘探应符合下列要求：
1 勘探点宜结合地貌单元、微地貌形态及工程类型布置。
2 勘探点应采用钻探和井探相结合布设，钻探宜采用干钻。
3 勘探点数量应比非膨胀岩土地区适当增加，其中采取试样的勘探点数量不应少于全部勘探点的 1/2。
4 勘探孔的深度，除应满足各类工程基础埋深和附加应力的影响深度外，尚应大于大气影响深度。
5 在大气影响深度内，岩土试样的取样间距宜为 1m，在大气影响深度以下，取样间距可适当增大，膨胀岩还应按岩性和风化带分层取试样。

条文说明

由于膨胀土中裂隙众多，钻探取样扰动较大，而且在膨胀土中钻进难度较大，并且开水钻进是绝对不允许的，故为了取得质量等级为 I 级的土样，应有一定数量的探井。关于钻探、探井中取土钻探、探井的比例，考虑问题的依据同湿陷性土。

如第 10.5.2 条所述，我国大气影响深度一般为 3～5m，气候的干湿周期性交替对膨胀土的胀缩有直接的影响。因此，勘探取样深度应大于当地大气影响深度，并且在大气影响深度范围内应采取 I 级土样，取样间隔宜为 1m，往下要求可以适当放宽。采取试样要求从地表下 1m 开始，这是因为在计算含水率变化值 Δw 需要地表下 1m 处土的含水率和塑限含水量值。对于膨胀岩中的洞室，钻探深度应按洞室勘察要求考虑。

10.5.5 膨胀岩土地区应测试岩土的常规物理、力学性质指标，并符合下列规定：

1 膨胀土应测定自由膨胀率、蒙脱石含量和阳离子交换量。必要时，还应测定黏土矿物成分和化学成分、pH 值、先期固结压力、收缩率及残余强度等。

2 膨胀岩应测定膨胀率、膨胀力和饱和吸水率，宜做风干或烘干样的崩解试验；必要时应测定矿物成分和化学成分分析、磨片鉴定、抗压强度等。

3 膨胀土的地基承载力测试宜采用静力触探、旁压试验；膨胀岩的地基承载力可采用点荷载试验、旁压试验、天然含水率试件的抗压试验等综合判定。

4 重要建筑、构筑物场地宜进行现场浸水载荷试验、剪切试验及旁压试验。

条文说明

自由膨胀率、一定压力下的膨胀率、收缩系数和膨胀力等四项指标时判定膨胀岩土，评价膨胀潜势，计算分级变形量和划分地基膨胀等级的主要依据，一般情况下都应测定。关于在设计（实际）压力作用下的地基胀缩量计算，应按现行国家标准《膨胀土地区建筑技术规范》（GB 50112）的有关规定执行。

10.5.6 膨胀岩土的岩土工程评价应符合下列规定：

1 膨胀岩土场地按地形地貌条件进行分类。

1）地形坡度小于 5° 或地形坡度大于 5°~14°，且距坡肩的水平距离大于 10m 的坡顶地带，应为平坦场地。

2）地形坡度大于或等于 5°，或地形坡度小于 5°且同一座建筑物范围内局部地形高差大于 1m 的场地，应为坡地场地。

2 膨胀土的膨胀潜势应按表 10.5.6-1 的规定进行分类。

表 10.5.6-1 膨胀土的膨胀潜势分类

分类指标＼膨胀潜势	弱	中	强
自由膨胀率 δ_{ef}（%）	$40 \leq \delta_{ef} < 60$	$60 \leq \delta_{ef} < 90$	$\delta_{ef} \geq 90$
蒙脱石含量 M'（%）	$7 \leq M' < 17$	$17 \leq M' < 27$	$M' \geq 27$
阳离子交换量 $CEC(NH_4^+)$（mmol/kg）	$170 \leq CEC(NH_4^+) < 260$	$260 \leq CEC(NH_4^+) < 360$	$CEC(NH_4^+) \geq 360$

注：当有两项指标符合时，即判定为该等级。

3 膨胀土地基胀缩等级应按表 10.5.6-2 的规定进行划分。

表 10.5.6-2 膨胀土的地基胀缩等级

级　别	地基分级变形量 s_c （mm）	级　别	地基分级变形量 s_c （mm）
Ⅰ	$15 \leqslant s_c < 35$	Ⅲ	$s_c \geqslant 70$
Ⅱ	$35 \leqslant s_c < 70$		

注：1　测定膨胀率的试验压力应为50kPa。
　　2　分级变形量的计算应按现行国家标准《膨胀土地区建筑技术规范》（GB 50112）的有关规定进行。

4　膨胀岩的判定应按照表 10.5.6-3 的规定判定。

表 10.5.6-3 膨胀岩的判定标准

试　验　项　目		判定指标
不易崩解的岩石	膨胀率 V_H（%）	$V_H \geqslant 3$
易崩解的岩石	自由膨胀率 F_S（%）	$F_S \geqslant 30$
膨胀力 P_P（kPa）		$P_P \geqslant 100$
饱和吸水率 ω_{sa}（%）		$\omega_{sa} \geqslant 10$

注：1　不易崩解的岩石，应取轴向或径向自由膨胀率中的大值进行判定。
　　2　易崩解的岩石应将其粉碎，过0.5mm的筛去除粗粒后，比照土的自由膨胀率的试验方法进行试验。
　　3　当有两项及两项以上符合表中指标时，可判定为膨胀岩。

5　地基土的承载力应按下列要求确定：

1）重要建（构）筑物或工程设施的地基承载力宜采用载荷试验或浸水载荷试验确定。

2）一般建（构）筑物或工程设施的地基承载力宜采用饱和状态下不固结不排水三轴剪切试验计算或根据当地已有经验确定。

6　土体抗剪强度应按下列要求确定：

1）地下水位以上或坡面及时封闭、无雨水、无地表水渗入，宜采用非浸水条件下的直剪仪慢剪试验确定。

2）地下水位以下或坡面无封闭、有雨水、地表水渗入，宜采用浸水条件下的直剪仪慢剪试验确定。

3）表面风化层宜采用干湿循环试验确定。

4）裂隙面强度宜采用无侧限抗压强度试验或直剪仪裂面重合剪试验确定。

7　分析膨胀岩土对工程的影响及地基的稳定性，建议相应的基础埋深、地基处理及隧道、边坡、基坑支护和防水、保湿措施等。

8　应对建（构）筑物、工程设施、边坡等的变形、岩土的含水率变化及气候等环境条件变异的监测提出建议。

条文说明

大量调查研究资料表明，坡地膨胀岩土的问题比平坦场地复杂得多，故将场地类型划分为"平坦"和"坡地"是十分必要的。本条规定与现行国家标准《膨胀土地区建筑技术规范》（GB 50112）一致。

铁路系统对膨胀土采用自由膨胀率、蒙脱石含量、阳离子交换量作为详判的指标，经过了大量的工程实践，证明是可行的，而中低速磁浮交通工程与铁路具相似性，故参照纳入，这样既充分考虑了线路工程的特点，又避免采用自由膨胀率单一指标可能造成的漏判。膨胀岩的判定尚处于研究、总结阶段，建议参照膨胀土的判定方法或现行行业标准《铁路工程特殊岩土勘察规程》（TB 10038）进行综合判定。

膨胀土地基分级变形量的计算按现行国家标准《膨胀土地区建筑技术规范》（GB 50112）的进行。由于各地区的膨胀土特征不同，性质各有差异，有的地区对本地区的膨胀土有深入的研究，因此，膨胀土的分级，也可以按地区经验或地方标准进行划分。

膨胀岩的判别，国际、国内尚无统一标准，可参考现行行业标准《铁路工程岩土分类标准》（TB 10077）。膨胀岩是一类性质极为复杂的岩石，富含亲水矿物，含水率变化时，体积有显著变化，具有遇水膨胀、软化、崩解，失水收缩、开裂的特性。膨胀岩的野外判断，可参考表10-2进行，表10-3为参照膨胀土的判定指标确定的易崩解膨胀岩的室内试验指标，表10-4为参照中科院地质研究所的研究成果编制的膨胀岩的膨胀潜势表，作为膨胀岩评价时的参考。外业勘察阶段可通过岩石浸水试验，根据膨胀岩的浸水崩解特征，对膨胀岩进行初步分类，可按表10-5进行。

表10-2 膨胀岩的野外地质特征

地貌	一般形成波状起伏的丘陵，相对高度20m～30m，丘顶多浑圆，坡面圆顺，山坡坡度缓于40°，岗丘之间为宽阔的U形谷地；当具有砂岩夹层时，常形成一些陡坎
岩性	主要为灰白、灰绿、灰黄、紫红和灰色的泥岩、泥质粉砂岩、页岩、风化的泥灰岩、风化的基性岩浆岩、蒙脱石化的泥灰岩以及含硬石膏、芒硝的岩石等。岩石由细颗粒组成，遇水时多有滑腻感。泥质膨胀岩的分布地层以石炭系、二叠系、三叠系、侏罗系、白垩系、第三系为主
结构构造	岩层多为薄层和中、厚层状，裂隙发育，裂隙多被灰白、灰绿色等富含蒙脱石物质充填
风化	风化节理、裂隙多沿构造面、结构面进一步发展，导致已被结构面切割的岩体更加破碎；地表岩石碎块风化为鸡粪土，斜坡岩层剥落现象明显；天然含水的岩石在暴晒时多沿层理方向产生微裂隙；干燥的岩块泡水后易崩解成碎块、碎片或土状；柱状岩芯暴露在空气中，数小时至几天内，易破裂分解为碎屑或土状

表10-3 易崩解膨胀岩的室内试验判定指标

试 验 项 目	判 定 指 标
自由膨胀率 F_S（%）	$F_S \geqslant 30$
蒙脱石含量 M（%）	$M \geqslant 7$
阳离子交换量 CEC（NH_4^+）（mmol/kg）	CEC（NH_4^+）$\geqslant 170$

注：1 试验时将易崩解的岩石粉碎，过0.5mm或0.25mm的筛去除粗粒后，比照膨胀土的试验方法进行试验。
2 当有两项及两项以上符合表中指标时，在室内可判定为膨胀岩。

表 10-4　膨胀岩的膨胀潜势分级

膨胀潜势分级 分级指标界限	岩石的膨胀潜势（分级）		
	弱膨胀	中等膨胀	强膨胀
干燥后饱和吸水率 w_{sa}（%）	$10 \leq w_{sa} < 30$	$30 \leq w_{sa} < 50$	$w_{sa} > 50$

表 10-5　膨胀岩的崩解特征分类

类　　别	崩解特征及重量变化
非膨胀岩	泡水24h岩块完整、不崩解，重量增加小于10%
弱膨胀岩	泡水后，有少量岩屑下落，几小时后岩块开裂成0.5~1.0cm碎块或大片，手可捏碎，重量可增加10%
中膨胀岩	泡水后，1~2h崩解为碎片，部分下落，碎片尚不能捏成土饼，重量可增加30%~50%
强膨胀岩	泡水后，即刻剧烈崩解成土状散落，水混浊，10min可崩解50%，20~30min崩解完毕

为了防止膨胀岩土地基的过量胀缩变形引起的对建筑物的影响和破坏，综合起来是"防水保湿"四个字，做到了这点，便没有膨胀岩土的胀缩变形。这一点对开挖基坑的保护也完全适用。20世纪70年代，我国的几条通过膨胀土地区铁道的修筑中经验教训十分深刻，由于忽视了及时的必要支护与防水保湿措施，膨胀土开裂严重，中小型浅层滑坡频发，后续进行多年的科研与治理并投入巨额资金才基本完成了整治。至于支护结构遭膨胀岩土的膨胀压力而变形开裂的实例也不鲜见。

10.6　盐渍土

10.6.1　埋藏较浅的地下水沿土的毛细孔隙上升并不断蒸发而在土体表层产生盐分积聚，土中易溶盐含量大于0.3%，并具有溶陷、盐胀、腐蚀等工程特性的土，应定为盐渍土。当地表以下1m深度内的土层易溶盐平均含量大于0.3%时，应判定为盐渍土场地。

条文说明

盐渍土的定义与现行国家标准《岩土工程勘察规范》（GB 50021）一致，采用"土中易溶盐含量大量0.3%的土应定为盐渍土"的表述。

10.6.2　盐渍土的勘察应包含下列内容：
1　查明盐渍土的成因、分布范围和形成特点，调查溶蚀洞穴发育程度和分布。
2　查明盐渍土的含盐类型、化学成分、含盐程度及其在岩土中的分布。
3　查明地下水的类型、赋存特征、地下水位及其动态变化规律、水质等情况。
4　查明盐渍土的物理力学性质、盐分分布规律、毛细水上升高度。
5　搜集气象、水文等资料。
6　调查当地工程经验、既有建筑物的破损和腐蚀情况。

条文说明

盐渍土的形成与气候条件的关系较密切，通常需要收集气温、地温、湿度、降水、蒸发等五个主要气象要素，其中降水和蒸发两个要素最重要。极端干旱的气候条件，不仅能加速地表盐分的积累，同时由于气温的剧烈变化改变着盐类的溶解度和相态，影响盐渍土的工程性质。

10.6.3 盐渍土的勘探应符合下列要求：

1 勘探点的布置应满足查明盐渍土分布特征的要求，宜采用挖探与钻探相结合的方法，钻探宜采用干钻。

2 勘探点的深度应满足工程设计要求，并应有一定数量的勘探点控制沿线地下水位变化。

3 盐渍土盐分化验试样的采取宜在干旱季节进行；在地表1.00m范围内，宜按0.00～0.05m、0.05～0.25m、0.25～0.50m、0.50～0.75m、0.75～1.00m分层取样。当地下水位埋深小于1.00m时，可按上述间距取样至地下水位处；当地下水位较深，且1.00m以下土层的含盐量仍然较高时，取样深度可适当加深，1.00m以下取样间距可按0.50m，至地下水位。

条文说明

盐渍土富含的易溶盐系指土中易溶于水的盐类，包括全部氯化物，易溶的硫酸盐（如钾、钠的硫酸盐）和易溶的碳酸盐（如钾、钠的碳酸盐）以及重碳酸盐等；中溶盐指石膏（$CaSO_4$）；难溶盐指碳酸钙（$CaCO_3$）。因此，钻探过程中强调应进行干钻，以免易溶盐进行溶蚀，破坏岩土试样。

地下水位的埋深和盐渍土的分布密切相关，盐渍土地区的地下水位一般埋深都较浅，尤其是地下水位埋深小于1m时，对盐渍土的变化影响较大。

盐渍土试样的采取深度一般规定为1m，是考虑盐渍土场地的含盐量一般集中在地表1m范围内。但往往会遇到地下水位较高（小于1m）的情况，或遇到地下水位较低（大于1m），且1m以下至地下水位的土层中仍有较高的含盐量的情况。因此，为了了解盐渍土的厚度和确定可利用土层的深度时，需加大取土深度至地下水位。

10.6.4 盐渍土的试验应符合下列规定：

1 不同土质及不同盐渍土应分别取代表性原状土样，除进行常规物理力学性质试验外，尚应进行化学成分分析和土的结构鉴定。

2 对具有溶陷性和盐胀性的盐渍土应进行溶陷性和盐胀性试验。溶陷性应采用浸水载荷试验确定；盐胀性应进行长期观测和现场试验确定有效盐胀厚度、总盐胀量。

3 溶陷性指标的测定可按湿陷性土的湿陷试验方法进行。

4 应测定不同土质及不同类型盐渍土的毛细水强烈上升高度值。

5 应采取地表水及地下水进行水质分析试验，大范围盐渍土地区沿线地下水取样间距应小于2km。

条文说明

盐渍土工程的性质因其所含易溶盐的性质不同而各有差异，对工程也有着不同的影响和危害。因此，盐渍土的试验除进行常规物理力学性质试验外，需对其进行化学成分分析和土的结构鉴定。

硫酸盐渍土最突出的工程特性就是膨胀，又称盐胀。硫酸盐渍土中所含易溶盐的主要成分为硫酸钠，俗称芒硝，其溶解度受温度变化的影响，在温度为32.4℃时为最大，也是失去结晶水的临界温度。低于此温度时，过饱和或粉末状的硫酸钠吸收10个水分子变成晶体芒硝（$Na_2SO_4 \cdot 10H_2O$），体积增大，相当于无水硫酸钠的3.1倍；高于这个温度时，结晶的硫酸钠又失去结晶水变成无水芒硝，体积相对缩小。随着温度的升降，硫酸钠时而吸水体积膨胀，时而脱水体积缩小，如此反复相变致使土体结构破坏，强度降低。根据前人科研成果，路堤填料中硫酸钠含量超过2%时，其膨胀量随含盐量的增加而显著增大，以致危害路基；膨胀量的大小还与土的含水率、温度、土质密切相关，其中温度的变化是反复产生胀缩变形的主导因素。

10.6.5 盐渍土的岩土工程评价应包括下列内容：

1 盐渍土根据含盐化学成分和含盐量可按表10.6.5-1和表10.6.5-2分类。

表10.6.5-1 盐渍土含盐化学成分分类

盐渍土名称	$\dfrac{c(Cl^-)}{2c(SO_4^{2-})}$	$\dfrac{2c(CO_3^{2-})+c(HCO_3^-)}{c(Cl^-)+2c(SO_4^{2-})}$
氯盐渍土	>2	—
亚氯盐渍土	2~1	—
亚硫酸盐渍土	1~0.3	—
硫酸盐渍土	<0.3	—
碱性盐渍土	—	>0.3

注：表中$c(Cl^-)$为氯离子在100g土中所含毫摩尔数，其他离子同。

表10.6.5-2 盐渍土按含盐量分类

盐渍土名称	平均含盐量（%）		
	氯及亚氯盐	硫酸及亚硫酸盐	碱性盐
弱盐渍土	0.3~1.0	—	—
中盐渍土	1~5	0.3~2.0	0.3~1.0
强盐渍土	5~8	2~5	1~2
超盐渍土	>8	>5	>2

2 盐渍土中含盐类型、含盐量及主要含盐矿物对岩土工程特性的影响。
3 岩土的溶陷性、盐胀性、腐蚀性和场地工程建设的适宜性。
4 盐渍土地基的承载力宜采用载荷试验确定；有浸水可能的地基，宜采用浸水载荷试验确定。当采用静力触探、旁压试验等其他原位测试方法时，应与载荷试验结果进行对比。
5 水文气象、地形地貌、场地积水、地下水位和管道渗漏等环境条件变化，可能对场地和地基产生的影响。
6 盐渍土及地下水对建筑材料的腐蚀性评价，应按现行国家标准《岩土工程勘察规范》（GB 50021）的有关规定执行。

条文说明

盐渍土根据含盐化学成分进行分类是采用易溶盐阴离子在100g土中各自含有毫摩尔数的比值划分盐渍土类型，根据前人工作经验，在内陆盐渍土地区按阴离子比值划分盐渍土类型比较简单易行。盐渍土中含盐量的多少对盐渍土的工程特性影响较为明显，表10.6.5-2是在含盐性质的基础上，根据含盐量的多少划分的。

氯和亚氯盐渍土的力学强度的总趋势是总含盐量（SDS）增大，比例界限（p_0）随之增大，当SDS在10%范围内，p_0增加不大，超过10%后，p_0有明显提高。这是因为土中氯盐在其含量超过一定的临界溶解含量时，则以晶体状态析出，同时对土粒产生胶结作用，使土的力学强度提高。

硫酸和亚硫酸盐渍土的总含盐量对力学强度的影响与氯盐渍土相反，即土的力学强度随SDS的增大而减小。其原因是，当温度变化超越硫酸盐盐胀临界温度时，将发生硫酸盐体积的胀缩，引起土体结构破坏，导致地基承载力降低。

碱性盐渍土以含碳酸钠和碳酸氢钠为主，水溶液呈强碱性反应，含有大量吸附性阳离子（钠离子），有较强的亲水性。碱性盐渍土遇水后，钠离子与土中黏粒、胶体颗粒相互作用，在其周围形成稳固的结合水薄膜，颗粒间的黏聚力降低，因而相互分散，引起土体膨胀，呈现出过高的塑性、持水性、压缩性和崩解性。

盐渍土由于含盐性质及含盐量的不同，土的工程特性各异，地域性强，目前尚不具备以土工试验指标与载荷试验参数建立关系的条件，故载荷试验是获取盐渍土地基承载力的基本方法。

10.7 风化岩和残积土

10.7.1 风化岩和残积土的区别为岩石受风化程度不同，岩石在风化营力作用下结构、成分和性质产生不同程度变异，应定名为风化岩；已完全风化成土而未经营力水平搬运的应定名为残积土。

条文说明

本条阐述风化岩和残积土的定义。不同的气候条件和不同的岩类具有不同的风化特征，湿润气候以化学风化为主，干燥气候以物理风化为主。花岗岩类多沿节理风化，风化厚度大，且以球状风化为主。层状岩，多受岩性控制，硅质比黏土质不易风化，风化后层理尚较清晰，风化厚度较薄。可溶岩以溶蚀为主，有岩溶现象，不具完整的风化带，风化岩保持原岩结构和构造，而残积土则已全部风化成土，矿物结晶、结构、构造不易辨认，成碎屑状的松散体。

10.7.2 风化岩和残积土的勘察应查明下列内容：

1　母岩地质年代和岩石名称。
2　不同风化程度风化带和残积土的分布、埋深及厚度。
3　原岩矿物的风化程度、组织结构的变化程度。
4　风化的均匀性和连续性，有无侵入的岩土、岩脉、断裂构造及其破碎带和其他软弱夹层，及其产状、厚度和分布；各风化带中节理、裂隙的发育情况及其产状。
5　岩脉和风化花岗岩中球状风化体（孤石）的分布；残积土中风化残留体的分布。
6　风化岩和残积土的物理力学性质及参数。
7　风化带及残积土开挖暴露后的抗风化能力。
8　残积土是否具有膨胀性和湿陷性。
9　地下水的赋存条件。
10　当地风化岩和残积土的工程经验。

条文说明

本条规定了风化岩和残积土勘察的任务，但不同的工程应有所侧重。如作为建筑物天然地基时，应着重查明岩土的均匀性及其物理力学性质，作为桩基础时应重点查明破碎带和软弱夹层的位置和厚度等。强风化岩、全风化岩与残积土中的球状风化体及孤石对隧道工程施工的影响很大，应予以查明。风化岩和残积土中的透水性和富水性不同地段差异很大，且风化岩和残积土遇水易崩解，地下水的勘察为各类工程的重点。

10.7.3 风化岩和残积土的勘探测试应符合下列要求：

1　勘探点宜采用钻探和探井相结合的手段进行勘探。
2　勘探点间距应取本规范第6.4.3条规定的最小值，各勘察阶段的勘探点均应考虑到不同岩层和其中岩脉的产状及分布特点布置。
3　宜采用原位测试与室内试验相结合方式，原位测试可采用标准贯入试验、重型动力触探试验、波速测试和载荷试验等；室内试验需测试风化岩和残积土的物理力学性质及参数。

4 应对残积土或强风化带布置一定量的探井，直接观测其结构面和岩土暴露后的变化情况。

5 初勘阶段，应有控制性勘探点达到或深入微风化层。

6 全风化岩、残积土和呈土状的强风化岩进行土工试验，呈岩块状的强风化岩进行岩石试验，对残积土必要时应进行湿陷性和湿化试验。

条文说明

本条规定了风化岩和残积土的勘探和测试的基本要求，考虑风化岩和残积土的不均匀性，勘探点的布置遵从一般原则的最小值进行布置，对层状岩应垂直走向布置，并考虑具有岩脉和软弱夹层的特点。对风化岩和残积土的划分，可用标准贯入试验或无侧限抗压强度试验，也可采用波速测试，同时也不排除用规定以外的方法，可根据当地经验和岩土的特点确定。对风化岩和残积土除进行相应的室内试验外，还可进行现场点荷载试验。

10.7.4 风化岩和残积土的岩土工程分析与评价应包括下列内容：

1 对厚层的风化岩，宜结合当地经验进一步划分为碎块状、碎屑状和土状；厚层残积土可进一步划分为硬塑残积土和可塑残积土，也可根据含砾或含砂量划分为黏性土、砂质黏性土和砾质黏性土。

2 花岗岩类的风化岩与残积土可按表10.7.4的规定划分。

表10.7.4 花岗岩类的风化岩与残积土划分

岩土名称	测试项目及指标 标准贯入N值（实测击数平均值） 花岗岩类风化岩	剪切波波速v_s（m/s）
强风化岩	$N \geq 70$	$v_s \geq 400$
全风化岩	$40 \leq N < 70$	$300 \leq v_s < 400$
残积土	$N < 40$	$v_s < 300$

3 评价风化岩和残积土的地基及边坡稳定性，并提出工程措施建议。

4 评价风化岩和残积土中的桩基承载力和稳定性。

5 分析岩土的不均匀程度，对在软硬互层或风化程度不同的地基上的工程，应分析不均匀沉降对工程的影响，评价破碎带和软弱夹层对隧道和基坑开挖、桩基施工可能存在的影响，提出工程措施的建议。

6 分析评价岩脉、球状风化体和孤石的平面和垂直位置及其对地基（桩基）均匀性的影响，提出相应的工程措施建议。

7 评价残积土是否具有膨胀性和湿陷性。

8 评价风化岩和残积土的透水性和地下水的富水性，分析在不同工法下，地下水对岩土体稳定性的影响，提出地下水控制措施的建议。

条文说明

本条规定了花岗岩类的风化岩与残积土划分与现行国家标准《岩土工程勘察规范》（GB 50021）一致，以标准贯入试验实测值作为花岗岩风化程度的划分指标，但如果按标准贯入试验确定地基承载力时，也可根据当地经验选择是否需要修正以及如何修正实测值。

剪切波波速测试也是划分花岗岩风化程度的一个指标，其划分是根据我国工程实践经验进行归纳总结得出的。例如，广州地铁一号线越秀公园站的花岗岩类强风化岩、全风化岩与残积土的剪切波速分别为1105m/s、349m/s、286m/s，广州轨道交通三号线A标段的分别为433m/s、361m/s、182~225m/s，广州轨道交通四号线海傍至黄阁区间的分别为474.3~508m/s、369.5~389m/s、259.8~263.2m/s，广州轨道交通六号线东湖至燕塘区间的分别为518.2m/s、352.3m/s、206.5~283.7m/s。

稳定性评价主要针对风化岩和残积土遇水易软化崩解的工程特征而言。

工程实践表明，风化岩和残积土的不均匀程度，尤其是岩块和软弱夹层的分布，对隧道掘进和基坑、桩基施工的影响很大。在强风化岩或全风化岩中往往夹有中风化岩块，桩基施工遇到这种情况时，切勿认为已经挖到中等风化岩层。

为进一步查明球状风化体（孤石），可在地面和隧道内进行超前钻。

11 工程地质调查与测绘

11.1 一般规定

11.1.1 工程地质调查与测绘应包括工程场地的地形地貌、地层岩性、地质构造、不良地质作用、特殊性岩土、地表水及地下水等工程地质条件和水文地质条件。

11.1.2 工程地质调查与测绘应充分搜集、分析勘察区的各种地质资料，重视利用遥感地质解译成果，掌握场地的主要地质问题，紧密结合工程设置，对工程场地的稳定性、适宜性做出评价，划分场地复杂程度，为工程建设场地的工程地质评价、周边环境的影响分析评价和工程设计提供地质资料，并为各勘察阶段的工程勘探和地质测试工作的布置提供依据。

条文说明

　　工程地质调查与测绘工作是中低速磁浮交通岩土工程勘察中获取场地地质条件的基础手段，贯穿勘察设计各阶段的始终，对场地稳定性和适宜性评价具有很重要的意义。加强工程地质调查与测绘工作有助于全面掌握场地地质条件，对勘探点和勘探量的布置具有事半功倍的作用。对地质条件简单的场地，可用调查代替工程地质测绘；地形地貌、地质条件复杂的场地应进行工程地质测绘。

　　工程地质调查与测绘宜在可行性研究或初步勘察阶段进行；详细勘察时，可在初步勘察调查和测绘的基础上，对某些专门地质问题进行必要的补充调查。对线路工程有重大影响的地质问题，如活动断裂、滑坡和采空区等，常规的工程地质调查与测绘不能满足要求时，应进行专项工程地质调查与测绘工作。

11.2 工作内容和方法

11.2.1 工程地质调查与测绘应包括下列内容：
　　1　搜集区域性的地质、水文、气象、航卫片、建筑及植被等资料。
　　2　调查与测绘地形、地貌形态的成因和发育特征及其与岩性、构造等地质因素的关系，划分沿线地貌单元。
　　3　调查地层的层序、成因、时代、岩性、厚度、岩土名称、胶结物等，以及岩石风化破碎的程度和深度，了解岩石的坚硬程度和岩体的完整程度。

4 调查岩层构造、产状、接触关系、节理和裂隙等的发育情况；断裂和褶皱等的位置、走向、产状等形态特征和力学性质，断裂类型、活动程度及破碎带的范围、富水情况；新构造运动的痕迹、特点；确定主要结构面和构造面与线路的关系。

5 调查地表水体的分布及特征，搜集主要河流的最高洪水位、流速、流量、季节变化、河床标高、河床演变历史、淹没范围及大型地表水体的补给、渗漏等情况。

6 通过含水地层岩性、富水（或储水）构造、裂隙和地下水埋深及井泉的调查，查明地下水的类型及赋水特征，补给、径流、排泄条件，水位及变化幅度，地表水体与地下水的水力联系，地表水及地下水的污染情况及腐蚀性。搜集当地历年地下水位的长期观测资料。

7 调查填土的堆积年代、堆填方式，软土、湿陷性土、膨胀岩土、盐渍岩土、风化岩和残积土等特殊性岩土的工程性质、分布范围及危害程度等。

8 调查人为坑洞、岩溶、地面沉降、地裂缝、断裂、泥石流、滑坡、危岩、落石、崩塌、岩堆、岸坡冲刷、地下古河道、暗浜、含放射性和有害气体地层等不良地质的性质、范围及其形成、发展和分布规律。

9 根据岩、土成分及密实程度、含水情况、物理力学性质，膨胀土、盐渍土、软土等的水理、化学性质，划分岩土施工工程分级，其分级标准应符合附录A的要求。

10 搜集既有建（构）筑物的勘察资料和施工经验。调查当地既有建（构）筑物的使用情况，地质病害、防治措施及整治效果等。

条文说明

对于工程地质调查和测绘的内容，本条特别强调应与岩土工程紧密结合，应着重针对岩土工程的实际问题。

11.2.2 工程地质调查与测绘应以搜集沿线既有资料和地质调绘为主，必要时可进行适量的勘探、物探和测试工作。

条文说明

工程地质调查与测绘过程中原则上不投入大量勘探工作量，对地质条件复杂或控制方案的不良地质和特殊岩土等段落，必要时可适量进行勘探、物探和原位测试工作，勘探一般以简易勘探为主。

11.2.3 地质观测点的设置应符合下列规定：

1 地质观测点应设置在具有代表性的岩土露头、地层界线、褶皱及断层、重要的节理裂隙、地下水露头、不良地质作用、特殊性岩土界线等处。

2 地质观测点的密度应根据场地地质条件、露头情况、成图比例和工程设置情况确定。观测点应能控制不同类型地质界线和地质单元体的变化，当露头少时，可根据具体情况布置一定数量的井探或探槽。

3 地质观测点应对不同类型地质界线和地质单元体进行详细描述，并应绘制现场地质素描及拍摄照片，必要时可拍摄现场视频。

4 地质观测点的定位应根据精度要求和地质复杂程度选用目测法、半仪器法、仪器法。对构造线、软弱夹层、不良地质作用、特殊性岩土范围及地下水露头等特殊地质观测点，应采用仪器定位。

条文说明

地质观测点的布置是否合理，是否具有代表性，对于调绘工作成果质量以及岩土工程评价至关重要。地质观测点宜布置在地质构造线、地层接触线、岩性分界线、不整合面和不同地貌单元、微地貌单元的分界线和不良地质作用分布的地段。同时，地质观测点应充分利用天然和已有人工露头，例如冲沟、陡坎（岸）、基岩裸露点、采石场、取土场、路堑、基坑、基槽、井、泉等。通过露头点的调查，可以获取地层岩性、物质成分、粒度成分、层序及其变化、岩石风化程度、岩体结构类型、构造类型、结构面形态及其力学性质、地下水等。当天然露头不足时，可根据场地具体情况布置一定数量的勘探与测试工作。条件适宜时，可配合进行物探工作，探测地层、岩性、构造、不良地质作用等问题。

地质观测点的密度无统一的规定，具体实施时，应从实际出发，根据技术要求、工程地质条件和成图比例尺等因素综合考虑。

地质观测点的准确定位，对成图质量影响很大，常采用方法如下：

1 目测法：适用于小比例尺的工程地质调绘，主要根据地形、地物以目估或步测距离进行标测。

2 半仪器法：适用于中等比例尺的工程地质调绘，主要借助于罗盘仪、气压计、红外测距仪或测绳等便携设备，配合目估及步测，标测方位、高度和距离等。

3 仪器法：适用于大比例尺的工程地质调绘，采用经纬仪、水准仪等较精密的仪器测定地质观测点的位置和高程。

4 卫星定位系统（GPS）：根据精度要求选择使用。目前，高精度的GPS测绘设备（RTK等）已广泛、便捷地运用于各种比例尺精度的工程地质调绘中。对于重要的或有特殊意义的地质构造线、地层接触线、岩性分界线、不良地质作用及地下水露头等均宜采用高精度GPS法进行定位。

11.2.4 对遥感解译成果应进行现场调查及核实。利用遥感影像资料解译进行工程地质调绘的段落，现场检验地质观测点数宜为工程地质调绘点数的30%～50%。外业工作应包括下列内容：

1 检查解译标志。
2 检查解译结果。

3 检查外推结果。
4 对室内解译难以获得的资料进行野外补充。

条文说明

利用航片、卫片等对地貌单元的划分、地质构造、不良地质和特殊岩土等进行遥感判释，适用于可行性研究和初步勘察阶段的方案比选工作。遥感地质解译应按"建立解译标志，分析解释成果，确定调查重点，实地核对、修改，补充解译，复判"的层序开展工作。首先进行初步解译，对航片或卫片进行系统的立体观测，对地貌和第四纪地质进行解译，划分松散沉积物与基岩的界线，对地质构造、不良地质及特殊岩土等进行初步解译。在此基础上，进行现场地质调查和验证，核对各典型地质体及现象在航片或卫片上的位置，并选择一些地段进行重点研究，作实测地质剖面和采集必要的标本。最后将解译资料，野外验证资料和其他方法取得的资料，集中转绘到地形底图上，然后进行图面结构的分析。如有不合理现象，要进行修正，重新解译或进行现场复验。

利用遥感手段可以宏观性掌控区域地质条件，减少外业调绘工作强度，提高大面积调绘的工作质量。

11.3 工作范围

11.3.1 工程地质调查与测绘的范围应满足中低速磁浮交通线路方案选择、工程设计、地质条件评价及图件比例的要求。

11.3.2 一般区间直线段向线路外侧调查与测绘范围不应少于100m；车站、区间弯道段及车辆基地向外侧不应少于200m。山岭隧道调查测绘范围应满足工程评价的要求。

条文说明

11.3.1、11.3.2 工程地质调查与测绘的宽度无统一的规定，但根据中低速磁浮交通工程的特点及相关交通工程的岩土勘察的经验，对区间和车辆基地规定了最小的调查与测绘宽度。

11.3.3 地质构造复杂、不良地质作用和特殊性岩土发育、地质条件特别复杂等地段，应扩大调查与测绘的范围。

11.3.4 工程建设可能诱发地质灾害地段，工作范围应根据具体情况确定。

11.3.5 专题或专项研究的工作范围应根据实际研究范围确定。

条文说明

11.3.3~11.3.5 地质构造复杂、不良地质和特殊岩土发育、地质条件特别复杂及工程建设可能诱发地质灾害等地段，通常为控制线路方案的重点段落，对方案比选和工程设置具有重大影响，调查与测绘的范围应根据现场实际情况进行扩大。根据交通工程岩土勘察实践经验，设专题或专项研究的目的是把影响设计施工的重大地质问题研究透彻，其工作范围需根据专题或专项研究的需要确定。

11.4 工作成果

11.4.1 工程地质调查与测绘的成果资料宜包括综合工程地质平面图、工程地质分区图、工程地质剖面图及各种素描图、照片和文字说明和报告等。

条文说明

本条对工程地质调查与测绘的成果资料只作了一般内容的规定，如果是为了解决某一项专门的岩土工程问题，也可编绘专门的报告和图件。

11.4.2 工程地质图件的填绘应符合下列要求：

1 全线工程地质图，应充分利用区域地质图、卫星图像、航空图像等既有资料编制，对控制线路方案的主要地质构造和不良地质，应进行现场核对。

2 详细工程地质图及工点工程地质图，对控制线路位置、重点工程的地质点及地质界线，应用仪器或其他实测方法测绘。

3 工程地质断面图的内容应充分反映与工程有关的主要地质条件，对工程设计有影响的地质界线应有地质点作依据，地质条件控制线路方案的地段应实测工程地质纵断面。

11.4.3 工程地质测绘的比例尺和精度应符合下列要求：

1 测绘用图比例尺宜选用比最终成果图大一级的地形图作底图，在可行性研究阶段选用 1:1000~1:2000；在初步勘察、详细勘察和施工勘察阶段选用 1:500~1:1000；在工程地质条件复杂地段应适当放大比例尺。

2 地层单元的划分应根据勘察阶段、岩性与工程的关系确定。可行性研究勘察阶段地层单位划分到"阶"或"组"；岩体年代单位划分到"期"；在初步勘察、详细勘察和施工图阶段均划分到"段"。第四系地层应划分不同的成因类型、年代应划分到"世"，地层应划分到"统"。

3 地质界线、地质观察点测绘在图上的位置误差不应大于 2mm。

4 地质单元体在图上的宽度不应小于 2mm 时，均应在图上表示。有特殊意义或对工程有重要影响的地质单元体，在图面上宽度小于 2mm 时，应采用扩大比例尺的方法标示并加以注明。

条文说明

工程地质测绘比例尺的选择和精度要求，与中低速磁浮交通工程设计的阶段需要及工程地质条件的复杂程度有关，也与当地在城区规划、勘察、设计、施工等常用比例尺和精度的要求相一致，以便于利用。

（1）为了达到精度要求，通常要求在测绘填图中，采用比提交成果比例尺大一级的地形图作为填图的底图，或者直接采用城区建设常用1:500的比例尺地形图作为底图，待外业完成后根据设计需要可缩成提交成果图所需要比例尺的成图。如进行1:10000比例尺测绘时，常采用1:5000的地形图作为外业填图底图，待外业填图完成后再缩成1:10000的成图。

（2）地质点和地质界线的测绘精度，目前各行业的规定一般为2mm或3mm，本条统一定为在图上不大于2mm。

（3）对工程有特殊意义或对工程有重要影响的地质单元体，如滑坡、断层、软弱夹层、洞穴、地下水露头等，都应进行测绘，必要时可用扩大比例尺表示，以便更好地解决岩土工程的实际问题。

12 勘探与取样

12.1 一般规定

12.1.1 钻探、井探、槽探及地球物理勘探等应根据勘测阶段、工程要求、地层情况、勘探深度、取样、原位测试及场地现状进行选择，单独或配合使用。控制性重要钻孔宜与原位测试、物探等手段配合，获取多方面地质参数。

条文说明

各种勘探手段的选择和使用应根据中低速磁浮交通工程设置、勘测阶段要求、场地工程地质及水文地质条件综合确定。为达到理想的技术及经济效果，宜将多种勘探手段配合使用。

12.1.2 勘探应分层准确，不得遗漏对工程有影响的软弱夹层、软弱面（带）。

12.1.3 勘探点测量应与设计采用统一的高程和坐标系统，引测基准点应满足其精度要求。

12.1.4 岩土试样的采取方法应结合工程设计、地层条件、岩土试验技术要求确定。

12.1.5 勘探点的布置应考虑对工程及环境的影响，防止对地下管线、地下构筑物和自然环境的破坏。钻孔、井探、槽探完工后应及时妥善回填，并做好记录。

12.1.6 钻探、井探、槽探作业中应采取有效措施，确保施工安全。

条文说明

12.1.5、12.1.6 中低速磁浮交通工程多设置在城市及近郊附近，地下管线和高空电线电缆较多，分布十分复杂，且产权单位众多，部分地段可能有地下水构筑物或地下古迹。勘探前应搜集工程通过区的地下管网分布图，调绘高空线缆分布，必要时开展地下管线专项调绘及探测工作。在布置勘探点时，应避开各种地下管网及设施，并预留安全距离。勘探点施工前应协调相关产权单位现场确认，并采用探坑查明，确保无地下设施后，再行实施。高空电缆，尤其是高压电线对钻探影响较大，勘探点实施时应避开高空电缆，并预留足够安全距离。

钻孔和探井如不妥善回填，可能造成自然环境和地下水环境的严重破坏，对城市交通及行人安全影响较大，同时对新建隧道工程也存在安全隐患，应引起足够重视。在勘探工作完成后，应对钻孔、探井和探槽进行回填，且应分段回填夯实，城市路面则应恢复原状。

12.2 钻探

12.2.1 钻探方法的选择应根据地层特点及钻探方法特性，在保证以一定的精度鉴别地层和揭示地下水情况的前提下，尽量避免或减轻对取样段落的扰动影响。钻探方法可根据岩土类别和勘察要求按表12.2.1的规定选用。

表12.2.1 钻探方法的适用范围

钻 进 方 法		钻 进 地 层					勘 察 要 求	
		黏性土	粉土	砂土	碎石土	岩石	直观鉴别、采取不扰动试样	直观鉴别、采取扰动试样
回转	螺纹钻探	△	○	○	—	—	—	△
	无岩芯钻探	△	△	△	○	△	—	—
	岩芯钻探	△	△	△	△	△	△	△
冲击	冲击钻探	—	○	△	△	—	—	—
	锤击钻探	△	△	△	—	—	△	△
振动钻探		△	△	△	△	—	○	△
冲洗钻探		○	△	△	—	—	—	—

注：△代表适用；○代表部分情况适用；—代表不适用。

条文说明

选择钻探方法应考虑的原则是：

（1）地层特点及钻探方法的有效性；

（2）能保证以一定的精度鉴别地层，了解地下水的情况；

（3）尽量避免或减轻对取样段的扰动影响。

正文表12.2.1是按照上述原则编制的。中低速磁浮交通岩土工程勘察时，为达到一定的目的，制定勘察工作纲要时，不仅要规定孔位、孔深等钻进的有效性内容，而且要规定钻探方法，以满足勘察技术要求。钻探单位应按任务书指定的方法钻进，提交成果中也应包括钻进方法的说明。

12.2.2 钻孔直径和钻具规格应符合现行国家标准的规定。成孔口径应满足取样、原位测试、水文地质试验、综合测井和钻进工艺的要求。

条文说明

美国金刚石岩芯钻机制造者协会的标准（简称 DCDMA 标准）在国际上应用最广，已有形成世界标准的趋势。国外有关岩土工程勘探、测试的规范标准以及合同文件中均习惯以该标准的代号表示钻孔口径，如 Nx、Ax、Ex 等。由于多方面的原因，我国现行的钻探管材标准与 DCDMA 标准比较还有一定的差别，故两种标准容许并行。

12.2.3 钻探应符合下列规定：

1 钻进深度和岩土分层深度的测量精度陆域最大允许偏差为 ±50mm，水域最大允许偏差为 ±20mm；水位量测读数精度不应低于 ±20mm。

2 应严格控制钻探的回次进尺，保证分层精度符合要求。钻进的回次进尺应根据地层条件及岩芯管长度确定，黏性土回次进尺不宜超过 2.0m；粉土、饱和砂层中，回次进尺不宜超过 1.0m；岩层中钻进时，回次进尺不得超过岩芯管的长度，软岩回次进尺不得超过 2.0m。在砂土、碎石土等取芯困难及湿陷性土等取芯要求较高的地层中钻进时，应控制回次进尺和回次时间，以保证分层、描述和取样等的要求。

3 对鉴别地层天然湿度的钻孔，在地下水位以上应进行干钻；当必须加水或使用循环液时，应采用双层岩芯管钻进。

4 工程地质钻探的岩芯采取率应符合表 12.2.3 的规定。

表 12.2.3 工程地质钻探岩芯采取率

岩土类型			岩芯采取率（%）
土类	黏性土、粉土		≥90
	砂土	地下水位以上	≥80
		地下水位以下	≥70
	碎石类土		≥65
基岩	滑动面及重要结构面上下 5m 范围内		≥70
	强风化带、全风化带、构造破碎带		≥65
	微风化带、中风化带		≥70
	完整岩层		≥80

注：滑动带、软弱夹层等需要重点查明的部位应采用双层岩芯管连续取芯。

5 当需确定岩石质量指标 RQD 时，应采用 75mm 口径（N 型）双层岩芯管和金刚石钻头。

6 钻进时应注意观测地下水位，量测地下水初见水位和稳定水位。每个钻孔均应量测第一含水层的水位；如有多个含水层，应根据勘察要求决定是否分层量测水位。

条文说明

在砂土、碎石土等取芯困难地层中钻进时，可通过控制回次进尺提高岩芯采取率，回次进尺可按表12-1确定。

表12-1 工程地质钻探回次进尺长度

岩　　层	回次进尺（m）
黏性土、粉土	1.0～1.5
薄层黏性土与薄层砂类土互层	1.0～1.5
砂类土	泥浆钻进1.0～1.5
砂类土	跟管回转钻进0.3～0.5
碎石类土	双管钻具钻进0.5～1.0
碎石类土	无泵反循环钻软质岩石1.0～1.5
碎石类土	无泵反循环钻破碎岩石0.5～0.7
软土	0.3～1.0
黄土	钻进取芯时1.0～1.5；取原状土时1m三钻，第一钻0.5～0.6，第二钻0.2～0.3，第三钻取样
膨胀性岩层	0.5～1.0
滑动面及重要结构面上下5m	预计滑动面及其以上5m范围不应大于0.3
滑动面及重要结构面上下5m	重要结构面上下5m为0.3～0.5
软硬互层、软硬不均风化带及硬、脆、碎基岩	0.5～1.0
较完整、轻微风化基岩	1.0～2.5
完整基岩	<3.5

12.2.4 岩芯整理应符合下列规定：

1 岩芯应按地层上下顺序装箱摆放，填写回次标签；同一回次内存在变层时，应注明变层深度。

2 当发现滑动面、软弱结构面或薄层等重点部位时，应加填标签注明起止深度。

3 岩土芯样的保存期限应根据工程要求确定，对需长期保存的重要钻孔或钻孔中某些重要段落，应装箱妥善保存岩土芯样。

12.2.5 钻探记录和编录应符合下列规定：

1 钻探记录应按钻进回次逐段填写，记录内容应包括回次进尺、深度、钻进情况、孔内情况、钻进参数、地下水位、岩芯描述、孔内原位测试等内容，对于孔内事故、处理过程及处理结果等特殊情况应详细记录。

2 钻探现场可采用肉眼鉴别和手触方法，有条件或勘察工作有明确要求时，可采用微型贯入仪等定量化、标准化的方法。

3 对具有互层、夹层、夹薄层特征的土，应描述各层的厚度和层理特征。

4 岩土芯样应分箱拍摄彩色照片，有特殊要求时可拍摄现场钻机及原位测试视频文件。

条文说明

钻探野外记录是一项重要的基础工作，也是一项有相当难度的技术工作，因此应配备有足够专业知识和经验的人员来承担。野外描述一般以目测手触鉴别为主，结果往往因人而异。为实现岩土描述的标准化和准确化，除本条的原则规定外，如有条件可补充一些标准化定量化的鉴别方法，将有助于提高钻探记录的客观性和可比性，例如用孟塞尔（Munsell）色标比色法判别岩土颜色，用微型贯入仪测定土的状态，用点荷载仪判别岩石风化程度和强度等。

近年来，随着信息化的快速发展、大数据也在地质勘察系统中得到了较快的发展，其中工程勘察质量信息管理系统已在部分城市和部分勘察项目中得到应用，对现场勘探质量管理，勘探数据的采集进行全过程的视频摄像、建立项目数据库，是未来发展的一个趋势，可以在部分项目中推广实施。

12.2.6 钻孔、探井、探槽等勘探工作完成后，应根据工程要求选用适宜的材料、方法进行分层回填。

1 钻孔、探井、探槽宜采用原土回填，并应分层夯实、回填土的密实度不宜小于天然土层。

2 临近堤防的钻孔应采用干黏土球回填，并应边回填边夯实；有套管护壁的钻孔应边起拔套管边回填；对隔水有特殊要求时，可用水泥浆或4:1水泥、膨润土浆液通过泥浆泵由孔底向上灌注回填。

3 特殊地质或特殊场地条件下的钻孔、探井、探槽和探洞的回填，应按勘探任务书的要求回填，并应符合有关主管部门的规定。

12.3 井探、槽探

12.3.1 当钻探方法难以准确查明地下情况、特殊性岩土取样要求及需要进行大型原位测试时，可采用挖探方法，挖探的深度不宜超过地下水位。

条文说明

城市及近郊周边环境复杂，建筑物密集、地下管线复杂，受场地条件限制无钻探条件，可利用人工挖探方法达到技术要求。井探为常用的人工挖探方法，其实施简便，对地层情况揭示直观，便于鉴定和描述，能保证原状试样的采取质量。

12.3.2 井探多为圆形、椭圆形、方形和长方形等，圆形在水平方向上能承受较大侧压力，挖探中宜采用圆形断面，取样应随挖探深度及时进行。在松散地层中掘进时应进行护壁。井探施工时，应根据实际情况，向井中送风并应监测井内有害气体含量。

条文说明

井探掘进时应根据揭示的地层特性确定相应的支护方式。支护方式的选择，可参照当地施工经验，并满足当地政府主管部门的规定。

12.3.3 槽探宜用于查明构造线、破碎带宽度、不同地层岩性的分界线、岩脉宽度及其延伸方向等。槽探的宽度、深度和长度应根据地层情况、构造特征和工程需要确定。

12.3.4 对井探、槽探除文字描述记录外，尚应以剖面图、展示图等反映井、槽壁和底部的岩性、地层分界、构造特征、取样和原位测试位置，并辅以代表性部位的彩色照片。

12.4 取样

12.4.1 土试样质量等级应根据试验目的按表12.4.1的规定分为四个等级。

表12.4.1 土试样质量等级

级 别	扰动程度	试 验 内 容
Ⅰ	不扰动	土类定名、含水率、密度、强度试验、固结试验
Ⅱ	轻微扰动	土类定名、含水率、密度
Ⅲ	显著扰动	土类定名、含水率
Ⅳ	完全扰动	土类定名

注：不扰动是指原位应力状态虽已改变，但土的结构、密度和含水率变化很小，可满足室内试验各项要求。

条文说明

本条按可供试验项目将土试样分为四个级别。绝对不扰动的土样从理论上说是无法取得的。因此Hovrslev将"能满足所有室内试验要求，能用以近似测定土的原位强度、固结、渗透以及其他物理性质指标的土样"定义为"不扰动土样"。在实际工作中并不一定要求一个试样做所有的试验，而不同工程对试验项目的需求不同，不同的试验项目对土样扰动的敏感程度要求也不一样。因此可以针对不同的工程需求和不同的试验目的来确定土试样的采取级别，以达到理想的技术和经济效果。通常情况下，在工程的关键部位取样质量需要Ⅰ级土样；进行热物理指标的土样质量可用Ⅱ级土样；进行颗粒分析的土样质量可用Ⅳ级土样。

目前，土试样扰动程度的鉴别方法主要有现场外观检查、测定回收率、X射线检验和室内试验评价等。无论何种方法均属事后检验把关，并非保证土试样质量的积极措施。对土试样做质量分级的指导思想是强调事先的质量控制，即对采取某一级别土试样应使用的设备和操作条件做出严格的规定。

12.4.2 土试样采取的工具和方法可按表 12.4.2 选取。

表 12.4.2 不同等级土试样的取样工具和方法

土试样质量等级	取样工具和方法		适用土类									
			黏性土					粉土	砂土				砾砂、碎石土、软岩
			流塑	软塑	可塑	硬塑	坚硬		粉砂	细砂	中砂	粗砂	
Ⅰ	薄壁取土器	固定活塞	△	△	○	—	—	○	○	—	—	—	—
		水压固定活塞	△	△	○	—	—	○	○	—	—	—	—
		自由活塞	—	○	△	—	—	○	○	—	—	—	—
		敞口	○	○	○	—	—	○	○	—	—	—	—
	回转取土器	单动三重管	—	○	△	△	△	△	△	△	△	△	—
		双动三重管	—	—	—	○	△	—	—	—	△	△	○
	探井（槽）中刻取块状土样		△	△	△	△	△	△	—	—	—	—	△
Ⅱ	薄壁取土器	水压固定活塞	△	△	○	—	—	△	○	—	—	—	—
		自由活塞	○	△	△	—	—	○	○	—	—	—	—
		敞口	△	△	△	—	—	○	○	—	—	—	—
	回转取土器	单动三重管	—	○	△	△	○	△	—	—	△	△	△
		双动三重管	—	—	—	○	△	—	—	—	△	△	△
	厚壁敞口取土器		○	△	△	△	△	○	○	○	○	○	—
Ⅲ	厚壁敞口取土器		△	△	△	△	△	△	△	△	△	○	—
	标准贯入器		△	△	△	△	△	△	△	△	△	△	—
	螺纹钻头		△	△	△	△	○	—	—	—	—	—	—
	岩芯钻头		△	△	△	△	△	○	○	○	○	○	○
Ⅳ	标准贯入器		△	△	△	△	△	△	△	△	△	△	—
	螺纹钻头		△	△	△	△	○	—	—	—	—	—	—
	岩芯钻头		△	△	△	△	△	△	△	△	△	△	△

注：1 △：适用；○：部分适用；—：不适用。
    2 采取砂土试样应有防止试样失落的补充措施。
    3 有经验时，可用束节式取土器代替薄壁取土器。

条文说明

土试样采取时，土试样与取土筒内壁产生摩擦而造成土试样边缘扰动，此扰动带的宽度与取样方法、土层性质等有关。对于易扰动的软土，取土器直径不应小于100mm；湿陷性黄土不应小于120mm；砂土可采用直径较小的取土器，以免提取时脱落土试样。

土样直径除去扰动带宽度后，尚应大于环刀直径。同时应考虑取样长度和目前所生产的管材直径，取土器越长，则其直径应相应增大。

12.4.3 在钻孔中采取Ⅰ、Ⅱ级砂样时，可采用原状取砂器，并按相应的现行标准执行。

12.4.4 在钻孔中采取Ⅰ、Ⅱ级土样时，应满足下列要求：
1 在软土、砂土中宜采用泥浆护壁；如使用套管，应保持管内水位等于或稍高于地下水位，取样位置应低于套管底三倍孔径的距离。
2 采用冲洗、冲击、振动等方式钻进时，应在预计取样位置 1m 以上改用回转钻进。
3 下放取土器前应仔细清孔，清除扰动土，孔底残留浮土厚度不应大于取土器废土段长度。
4 采取土试样宜用快速静力连续压入法。在硬塑和坚硬的黏性土和密实的粉土层中压入法取样有困难时，可采用重锤少击方式，但应有良好的导向装置，避免锤击时摇晃。
5 具体操作方法应按现行行业标准《建筑工程地质勘探与取样技术规程》（JGJ/T 87）执行。

条文说明

采取土试样贯入取土器时宜用快速静力连续压入法，即只要能压入的地层要优先采用压入法，特别对软土必须采用压入法。压入时应连续且不间断，如用钻机给进机构施压，则应配备足够压入行程和压入速度的钻机。

12.4.5 Ⅰ、Ⅱ、Ⅲ级土试样应妥善密封，防止湿度变化，严防暴晒或冰冻，保存时间不宜超过两周。在运输中应避免振动，对易于振动液化和水分离析的土试样宜就近进行试验。

12.4.6 岩石试样可利用钻探岩芯制作或在探井、探槽、竖井和平洞中刻取。采取的毛样尺寸应满足试块加工的要求。在特殊情况下，试样形状、尺寸和方向由岩体力学试验设计确定。

12.5 地球物理勘探

12.5.1 中低速磁浮交通岩土工程勘察中可在下列方面采用地球物理勘探：
1 探测隐伏的地质界线、界面、不良地质体、地下管线、地下空洞、土洞、溶洞、地下水等。

2 在钻孔之间增加地球物理勘探点，为钻探成果的内插、外推提供依据。

3 工程沿线测定大地导电率，勘探孔内测定岩土体的电阻率、波速、地温、放射性辐射参数等，计算动弹性模量、动剪切模量、卓越周期。

12.5.2 应用地球物理勘探方法时，应具备下列条件：

1 被探测对象与周围介质之间存在电性、弹性、磁性、密度、温度、放射性等的差异。

2 被探测对象的几何尺寸与其埋藏深度或探测距离之比不应小于1/10。

3 能抑制各种干扰，区分有用信号和干扰信号。

4 在有对比资料及代表性地段进行地球物理勘探方法的有效性试验。

12.5.3 地球物理勘探，应根据探测对象的埋深、规模及其与周围介质的物性差异，选择有效的方法。

12.5.4 地球物理成果解译时，应考虑其多解性。当需要时，应采用多种方法勘探，进行综合判释，并应布置一定数量的钻孔进行验证和再解译。

12.5.5 地球物理勘探解译成果图及报告内容、格式应符合设计要求，必要时应附地震时间剖面图、电阻率断面图等原始资料。

条文说明

本节内容仅涉及采用地球物理勘探方法的一般原则，目的在于指导非地球物理勘探专业的工程地质与岩土工程勘察技术人员结合中低速磁浮交通工程的特点选择适宜的地球物理勘探方法。强调工程地质、岩土工程与地球物理勘探人员的密切配合，共同制定方案，分析解译成果。各种地球物理勘探方法具体方案的制定与实施，应执行现行地球物理勘探标准和规范的有关规定。

地球物理勘探作为综合勘探的一种重要手段，已广泛应用于岩土工程勘察中，在地质构造带、地质界线、地下空洞及地下管线探测和隧道围岩级别、场地土类型及类别的划分方面取得了较好的勘探效果。地球物理勘探发展很快，不断有新的技术方法出现，如近十几年来发展起来的隧道超前地质预报（TSP）、地质雷达、弹性波层析成像（地震CT）、电磁波层析成像（电磁波CT）、瑞雷面波法等，效果较好。当前常用的地球物理勘探方法详见附录D表D.0.1。

13 原位测试与室内试验

13.1 一般规定

13.1.1 原位测试方法应根据岩土条件、设计对参数的需要、地区经验和测试方法的适用性等因素综合确定。

13.1.2 原位测试的测试方法、操作和采用的仪器设备应符合国家或行业有关测试规程的规定。测试成果应与原型试验、室内试验及工程经验等结合使用，并应进行综合分析。对重要的工程或缺乏使用经验的地区，应与工程反算参数作对比，检验其可靠性。

条文说明

13.1.1、13.1.2 在中低速磁浮交通岩土工程勘察中，原位测试是十分重要的手段，在探测地层分布，测定岩土特性，确定地基承载力等方面，有突出的优点，应与钻探取样和室内试验配合使用。在有经验的地区，可以原位测试为主。在选择原位测试方法时，应考虑的因素包括土类条件、设备要求、勘察阶段等，而地区经验的成熟程度最为重要。

布置原位测试，应注意配合钻探取样进行室内试验。一般应以原位测试为基础，在选定的代表性地点或有重要意义的地点采取少量试样，进行室内试验，有助于缩短勘察周期和提高勘察质量。

各种原位测试的测试方法、操作和采用的仪器设备等在国内的各类工程勘察中均有较为广泛应用，并形成了相应的国家或行业测试规定。原位测试成果的应用主要应以地区经验的积累为依据，建立地区性的经验关系，这种经验关系必须经过工程实践的验证。

13.1.3 分析原位测试成果资料时，应注意仪器设备、试验条件、试验方法等对试验的影响，结合地层条件，剔除异常数据。

条文说明

各种原位测试所得的试验数据，造成误差的原因是较为复杂的，由测试仪器、试验条件、试验方法、操作技能、土层的不均匀性等所引起。对此应有基本估计，并剔除异常数据，提高测试数据的精度。静力触探和圆锥动力触探，在软硬地层的界面上，有超前和滞后效应，应予以注意。

13.1.4 岩土室内试验项目应根据岩土性质、工程类型和设计、施工需要确定。

13.1.5 岩土室内试验的试验方法、操作和采用的仪器设备应符合现行国家标准《土工试验方法标准》（GB/T 50123）和《工程岩体试验方法标准》（GB/T 50266）的有关规定。

条文说明

13.1.4、13.1.5 岩土试验项目和试验方法的选取主要考虑岩土性质和工程需要进行确定，具体的操作和实验仪器规格，应按有关的规范、标准执行。一般情况下，规范、标准中规定的通用方法可以满足工程需要，但考虑到岩土性质和现场条件的复杂多变，包括应力历史、应力场、边界条件、非均质性、非等向性、不连续性等等，使岩土体与岩土试样的性状之间存在不同程度的差别。试验时应尽可能模拟实际，使用试验成果时不要忽略这些差别。

13.2 原位测试

13.2.1 原位测试方法的选用应在初步了解地层结构的情况下，根据场地岩土条件、各测试方法的适用性及工程设计对岩土参数的要求综合考虑，按照附录 D 合理选择。

13.2.2 原位测试方法的选择和测试点的布置，应注意各测试方法间及与勘探、室内试验的相互配合，并注意地质资料的综合分析对比。

条文说明

原位测试数据与岩土的强度特性、变形特性乃至物质组成诸因素有关。这些因素又因土质状态、结构不同而异，且往往具有地区特点。因此在工程地质勘察中，应强调各种原位测试方法之间及与勘探、室内试验的配合使用，以便通过综合勘察方法，取得多种地质参数，并经综合分析，达到获取符合实际情况的地质参数的目的。

13.2.3 当采用静力触探成果资料估算地基承载力时，在初勘阶段工程地质勘察中，结合地区经验建立适合于当地的承载力经验公式，或对拟选用的经验公式进行验证。

条文说明

地基承载力直接影响工程建筑物基础类型的选择，影响建设项目投资预算精度。为保障在可行性研究阶段提供工程设计的地基承载力的可靠性，要求新建中低速磁浮交通工程在初测阶段建立适宜沿线地区性承载力计算公式或对拟选用公式进行验证是十分必要的。

13.2.4 采用动力触探、标准贯入试验成果评价岩土的工程性质，应结合其他试验资料及地区经验综合分析确定，不宜仅根据单孔成果资料评价其工程性质。

13.2.5 平板载荷试验可测定承压板下应力主要影响范围岩土的承载能力和变形参数、地基土的基床系数。平板载荷试验分为浅层和深层平板载荷试验，适用于各类土、软质岩和风化岩。

条文说明

基床系数是地下工程设计的重要参数，其数值的准确性关系到工程的安全性和经济性；对于没有工程经验积累的地区需要进行现场试验和专题研究，当有成熟地区经验时，可通过原位测试、室内试验结合经验值等综合确定。

13.2.6 十字板剪切试验适用于测定饱和软黏性土的不排水抗剪强度及灵敏度等参数，测试深度不宜大于30m。

13.2.7 扁铲侧胀试验结合地区经验，可判别土类、确定黏性土的状态、静止侧压力系数、水平基床系数等。适用于软土、一般黏性土、粉土、黄土和松散-中密的砂土。

13.2.8 旁压试验分为预钻式和自钻式，适用于确定黏性土、粉土、黄土、砂类土、软质岩及风化岩等地基承载力及变形参数。

13.2.9 现场直剪试验可用于岩土体本身，岩土体沿软弱结构面和岩体与其他材料接触面的剪切试验，可分为岩土体试体在法向应力作用下沿剪切面剪切破坏的抗剪断试验，岩土体剪断后沿剪切面继续剪切的抗剪试验，法向应力为零时岩体剪切的抗剪试验。

13.2.10 每个地下车站、区间可进行地温测试，测试深度为结构底板以下5.0m；发现有热源影响区域、采用冻结法施工或设计有特殊要求的部位应加密布置测试点。

条文说明

地温是城市地下工程设计中结构温度应力、暖通设计等所需参数。目前地温测试主要有三种方法：一种是采用电阻式井温仪，通过测量钻孔水温确定土体温度，主要用于深层地温探测；一种是将温度传感器附设于静探、十字板等传感器上，通过贯入设备，在进行其他原位测试时同步完成；另一种是直接将温度计或温度传感器埋入地下，测量地表一定深度范围内温度。上述三种方法可归纳为钻孔法、贯入法和埋设法。

地表一定深度范围内土体温度主要受大气影响，研究表明，地温在地表以下10m范围内受大气温度影响较为敏感，因此变化幅度较大，10m以后趋于稳定，其影响因素主要包括土性（砂性、黏性）、孔隙比、含水量和饱和度等，一般而言，土颗粒越密实、孔隙越少，导热系数就越大，温度变化越明显。地下车站以及区间段一般都在地温变化范围内，因此地温测量原则上应超过车站或区间段埋深，当埋深超过10m后可认为温度稳定。

13.3 室内试验

13.3.1 室内试验包括土工试验、岩石试验、岩土矿物理化分析试验、水质分析试验及天然建筑材料相关试验等，应根据岩土性质、岩土试样质量和工程设计、施工需要确定试验项目及试验方法。室内试验项目可按附录C确定。

条文说明

室内试验应根据工程类型、岩土性质及它们在建筑工程中所处的受力情况及状态等，选择与实际相适宜的试验项目和方法，保障室内试验成果资料准确、可靠、适用。

13.3.2 岩土力学性质试验宜选择与工程所处环境和状态基本相符或相似的条件进行试验。

条文说明

岩石力学性质试验项目应根据工程类型，选择与工程工况、工程所处的环境条件相近的试验方法和试验类型进行试验。

一般情况下岩石试验主要包括：岩石的抗压强度试验、单轴压缩变形试验、抗拉试验、抗剪断强度试验、抗剪强度（直剪）试验、三轴抗压强度试验、膨胀压力试验等。

土的力学性质试验项目包括固结试验、直接剪切试验、三轴压缩试验、无侧限抗压强度试验、K_{30}和E_{vd}平板载荷试验、黄土湿陷性试验、膨胀力试验等。

上述力学性质的试验要求其试验条件应尽可能地与工程相关岩土体所处条件相似，因此对试验压力有较严格的要求。

例如，饱和土体受到压力后，土中的部分孔隙水逐渐排出，作用在土骨架上的有效应力逐渐增加，土体积随之压缩，直到变形达到稳定为止，这一变形过程称为固结；非饱和土体在外力作用下，孔隙中的气体排出或压缩主要取决于有效应力的变化，土体的这种变形称为压缩。黄土的湿陷性也是在上述压缩变形的基础上再浸水，测试其附加沉降的特性。

一般土的固结、压缩试验要求试验的最大压力应大于土的有效自重压力与附加压力之和。压缩系数和压缩模量应在 e-p 曲线上取土的有效自重压力至土的有效自重压力与附加压力之和段的孔隙比和压力值进行计算。确定先期固结压力，计算压缩指数、回弹指数、固结系数等都与有效自重压力和附加压力有关。

黄土湿陷性试验也规定：基底压力小于 300kPa 时，基底下 10m 以内的土层应用 200kPa，10m 以下至非湿陷黄土层顶面，应用上覆土的饱和自重压力；当基底压力大于 300kPa 时，宜用实际压力，当覆土的饱和自重压力大于实际基底压力时，应用其上覆土的饱和自重压力；对压缩性较高的新近堆积黄土，基底下 5m 以内的土层宜用 100~150kPa 压力，5~10m 和 10m 以下至非湿陷性黄土层顶面，应分别用 200kPa 和上覆土的饱和自重压力。

由此可见，上述试验都与试验时的压力密切相关。在进行固结（压缩）试验时，一般加压至 300kPa。为此，在要求进行固结、压缩试验时，如有效自重压力与附加压力之和大于 300kPa 或有特殊要求时，岩土工程师应提供试验的最后一级压力值。在湿陷性黄土地区，当建筑物的基底压力大于 300kPa 时，也应提供基底的实际压力，以便试验人员确定试验的最后一级压力值。

13.3.3 对于岩土热物理指标等特殊要求的试验，应根据岩土条件及工程设计、施工需要，会同有关人员共同研究相应的试验项目及试验方法，按现行国家或行业有关规范、规程的规定，选择适用的仪器、试验方法及步骤。

14 岩土工程分析评价和成果报告

14.1 一般规定

14.1.1 中低速磁浮交通岩土工程勘察报告，应在工程地质调绘、勘探、测试及搜集已有资料的基础上编写；应提供工程场地及沿线邻近地带的工程地质及水文地质资料，并结合勘察阶段、工程特点、施工方法和设计要求，进行岩土工程分析评价。

条文说明

本条明确提出了对岩土工程勘察报告两方面的基本要求，提供工程场地及沿线的工程地质、水文地质及岩土性质资料，结合工程特点和设计要求，进行岩土工程分析评价。

14.1.2 勘察报告应资料完整，数据真实，内容可靠，逻辑清楚，文字、表格、图件互相印证；文字、标点符号、通用术语、数字和计量单位等符合现行国家有关标准的规定。

14.1.3 中低速磁浮交通勘察应根据沿线工程地质水文地质特点制定地质单元划分、工程地质水文地质分区、岩土分层的统一标准。

条文说明

轨道交通工程参与勘察的单位多，目前多数地区没有勘察总体单位或勘察监理单位总体或咨询单位把关。为了便于勘察资料的使用和各勘察阶段的延续性，需要统一地质单元、工程地质水文地质分区，岩土分层的标准。

14.1.4 勘察报告中的岩土工程分析评价，应论据充分、针对性强，所提建议应技术可行、经济合理，宜包括下列内容：
1 工程场地的稳定性、适宜性评价。
2 地下工程的围岩分级、围岩压力、稳定和变形分析，对施工和衬砌方案的建议。
3 高架工程、低置结构、涵洞及各类建筑工程的地基承载力及变形分析，对地基基础设计方案的建议。
4 评价不良地质作用、特殊性岩土及因地质条件引起的施工工程风险分析和影响，提出治理方案的建议；设防烈度等于或大于 6 度的场地，应划分场地土类型和场地类别，评价地震液化和震陷的可能性。

5　地下水对工程的影响，对建筑材料腐蚀性的评价及其防治对策的建议。

6　工程建设与环境相互影响的预测及其防治对策的建议。

条文说明

　　本条规定了岩土工程分析评价的总体要求。对不同的工程类型方式提出工程成果分析和评价的基本要求；对地下工程主要是围岩和土体的稳定和变形问题，对地面工程主要是地基的承载力和变形问题，强调了工程建设对环境的影响和对地下水作用的分析评价。

14.1.5　岩土参数的分析与选用应符合现行国家标准《岩土工程勘察规范》（GB 50021）的相关规定。

14.1.6　对地质条件复杂的地段，有代表性的地段及工程上需要的地段，宜提出监测的建议。

14.2　岩土参数的分析和选定

14.2.1　岩土参数统计应根据钻孔（探井）记录、工程地质测绘和调查资料、室内试验和原位测试成果，对不同工程地质单元、进行工程地质分区及岩土分层。当分层统计指标变异系数超过规定标准时，应分析原因，必要时调整工程地质单元、岩土层划分、统计指标样本数并重新统计。

14.2.2　统计参数应根据岩土工程评价需要选取，宜包括下列内容：
1　岩土的天然密度、天然含水率。
2　粉土、黏性土的孔隙比、砂土的相对密实度。
3　黏性土的液限、塑限、液性指数和塑性指数。
4　土的压缩性、抗剪强度等力学特征指标。
5　岩石的密度、软化系数、吸水率、单轴抗压强度。
6　特殊性岩土的特征指标。
7　静力触探的比贯入阻力或锥尖阻力、侧壁摩阻力，标准贯入试验和圆锥动力触探试验的锤击数及其他原位测试指标。
8　其他必要的岩土指标。

条文说明

　　本条列举了常用的统计参数，实际工作中应根据工程需要、设计要求确定。

14.2.3 岩土参数应根据工程特点和地质条件选用，并按下列内容评价其可靠性和适用性。

1 取样方法和其他因素对试验结果的影响。
2 采用的试验方法和取值标准。
3 不同测试方法所得结果的分析比较。
4 测试结果的离散程度。
5 测试方法与计算模型的配套性。

14.2.4 岩土参数统计应符合下列要求：
1 岩土的物理力学性质指标，应按场地的工程地质单元或工点分层统计。
2 应按下列公式计算平均值、标准差和变异系数：

$$\phi_m = \frac{\sum_{i=1}^{n} \phi_i}{n} \qquad (14.2.4\text{-}1)$$

$$\sigma_f = \sqrt{\frac{1}{n-1}\left[\sum_{i=1}^{n} \phi_i^2 - \frac{\left(\sum_{i=1}^{n} \phi_i\right)^2}{n}\right]} \qquad (14.2.4\text{-}2)$$

$$\delta = \frac{\sigma_f}{\phi_m} \qquad (14.2.4\text{-}3)$$

式中：ϕ_m——岩土参数的平均值；
σ_f——岩土参数的标准差；
δ——岩土参数的变异系数。

3 分析数据的分布情况并说明数据的取舍标准。

14.2.5 主要参数宜绘制沿深度变化的曲线，并按变化特点划分为相关型和非相关型。需要时应分析参数在水平方向上的变异规律。

相关型参数宜结合岩土参数与深度的经验关系，按下式确定剩余标准差，并用剩余标准差计算变异系数。

$$\sigma_r = \sigma_f \sqrt{1-r^2} \qquad (14.2.5\text{-}1)$$

$$\delta = \frac{\sigma_r}{\phi_m} \qquad (14.2.5\text{-}2)$$

式中：σ_r——剩余标准差；
r——相关系数；对非相关性，$r=0$。

14.2.6 在取得平均值和标准差后，可采用正负三倍标准差法剔除粗差，将离差大于$\pm 3\sigma_f$的数据舍弃。如求得的标准差和变异系数过高，应检查原因，必要时应考虑重新划分统计单元。

14.2.7 岩土参数的标准值 ϕ_k 可按下列方法确定：

$$\phi_k = r_s \phi_m \tag{14.2.7-1}$$

$$r_s = 1 \pm \left(\frac{1.704}{\sqrt{n}} + \frac{4.678}{n^2} \right) \delta \tag{14.2.7-2}$$

式中：r_s——统计修正系数。

注：式中正负号按不利组合考虑，如抗剪强度指标的修正系数应取负值。

统计修正系数 r_s 也可按岩土工程的类型和重要性、参数的变异性和统计数据的个数，根据经验选用。

14.2.8 在岩土工程勘察报告中，应按下列不同情况提供岩土参数值：

1 一般情况下，应提供岩土参数的平均值、标准差、变异系数、数据分布范围和数据的数量。

2 承载能力极限状态计算所需要的岩土参数标准值，应按式（14.2.7-1）计算；当设计规范另有专门规定的标准值取值方法时，可按有关规范执行。

3 岩土性质指标的选用原则：

1）评价岩土性状的指标，如天然含水率、天然密度、液限、塑限、塑性指数、液性指数、饱和度、相对密实度、吸水率等，应选用平均值；

2）正常使用极限状态计算需要的岩土参数指标，如压缩系数、压缩模量、渗透系数等，宜选用指标的平均值，当变异性较大时，可根据经验作适当调整；

3）承载能力极限状态计算需要的岩土参数，如岩土的抗剪强度指标，静力载荷试验的极限承载力等，应选用指标的标准值；

4）容许应力法计算需要的岩土指标，应根据计算和评价的方法选定，可选用平均值，并做适当的经验调整。

条文说明

评价岩土性状的指标，一般不用于极限状态计算，故选用平均值，并以标准差或变异系数评价其均匀性，故不必要计算其标准值。对于岩土的强度指标、极限承载力等应选用指标的标准值。

14.3 岩土工程分析评价

14.3.1 岩土工程分析评价应在工程地质测绘、勘探、测试试验和搜集已有资料的基础上，结合工程特点和要求进行。

14.3.2 岩土工程分析评价应包括以下内容：

1 工程建设场地的稳定性、适宜性评价。

2 各类工程地基的稳定性和均匀性，承载力及变形的分析评价。

3 不良地质作用及特殊性岩土对工程影响的分析与评价、避让及防治措施的建议。

4 划分场地土类型和场地类别，抗震设防烈度等于或大于 6 度的场地，评价地震液化和震陷的可能性。

5 围岩、边坡稳定性和变形分析，支护方案和施工措施的建议。

6 地下水对工程静水压力、浮托作用分析。

7 水和土对建筑材料的腐蚀性评价。

8 环境条及地质条件可能造成的工程风险分析。

9 工程建设与周边环境相互影响的预测及防治对策的建议。

条文说明

从地震、活动性断裂、地裂缝、地面沉降、滑坡、错落、崩塌等对工程的影响方面定性评价场地稳定性；通过分析地形地貌、水文、工程地质、水文地质、不良地质作用和地质灾害、活动断裂和地震效应、地质灾害治理难易程度等影响因素，从地质的角度定性评价场地内工程建设的适宜程度。工程建设适宜性评价可划分为不适宜、适宜性差、较适宜和适宜等四级。工程建设适宜性的评价应符合表 14-1 的规定。

表14-1 工程建设适宜性分级标准

级别	分 级 要 素	
	工程地质与水文地质条件	场地治理难易程度
不适宜	（1）场地不稳定； （2）地形起伏大，地面坡度大于50%； （3）岩土种类多，工程性质很差； （4）洪水或地下水对工程建设有严重威胁； （5）地下埋藏有待开发的矿藏资源	（1）场地平整困难，应采取大规模工程防护措施； （2）地基条件和施工条件差，地基专项处理及基础工程费用很高； （3）工程建设将诱发严重次生地质灾害，应采取大规模工程防护措施，当地缺乏治理经验和技术； （4）地质灾害治理难度大，且费用很高
适宜性差	（1）场地稳定性差； （2）地形起伏较大，地面坡度大于25%且小于50%； （3）岩土种类多，分布很不均匀，工程性质差； （4）地下水对工程建设影响较大，地表易形成内涝	（1）场地平整较困难，需采取工程防护措施； （2）地基条件和施工条件较差，地基处理及基础工程费用较高； （3）工程建设诱发次生地质灾害概率较大，需采取较大规模工程防护措施； （4）地质灾害治理难度较大，或费用较高
较适宜	（1）场地基本稳定； （2）地形有一定起伏，地面坡度大于10%且小于25%； （3）岩土种类多，分布较不均匀，工程性质较差； （4）地下水对工程建设影响较小，地表排水条件尚可	（1）场地平整较简单； （2）地基条件和施工条件一般，基础工程费用较低； （3）工程建设可能诱发次生地质灾害，采取一般工程防护措施可以解决； （4）地质灾害治理简单

表 14.1（续）

级别	分级要素	
	工程地质与水文地质条件	场地治理难易程度
适宜	(1) 场地稳定； (2) 地形平坦，地貌简单，地面坡度小于等于10%； (3) 岩土种类单一，分布均匀，工程性质良好； (4) 地下水对工程建设无影响，地表排水条件良好	(1) 场地平整简单； (2) 地基条件和施工条件优良，基础工程费用低廉； (3) 工程建设不会诱发次生地质灾害

注：1 表中未列条件，可按其对场地工程建设的影响程度比照推定。
　　2 划分每一级别场地工程建设适宜性分级，符合表中条件之一时即可。
　　3 从不适宜开始，向适宜性差、较适宜、适宜推定，以最先满足的为准。

14.3.3 高架工程应重点分析评价下列内容：

1 分析岩土层的特征，建议天然地基、桩基持力层，评价天然地基承载力，桩基承载力、提供变形计算参数。

2 分析成桩可能性、指出成桩过程应注意的问题。

3 分析评价土洞、岩溶、采空区等不良地质作用和填土、膨胀土等特殊性岩土对桩基稳定性和承载力的影响，提出防治措施的建议。

条文说明

对高架工程的分析评价，侧重于桩基设计所需的岩土参数，指出影响桩基施工与安全的不良地质和特殊岩土，提出防治措施的建议。对欠固结土及有大面积堆载、回填土、自重湿陷性黄土等工程，应分析桩侧产生负摩阻力的可能性及其影响。

14.3.4 低置结构工程、涵洞工程应分析评价下列内容：

1 路基工程

1）根据路基段地表水来源及排水条件，地下水类型与水位的变化幅度，分析地表水和地下水对路基稳定性的影响；

2）分段划分岩土工程施工分级；

3）评价路基基底的稳定性。

2 路堤工程

1）分析不利倾向的软弱夹层，评价基底和斜坡的稳定性；

2）分析地下水活动对基底稳定性的影响；

3）分段提供验算基底稳定性的岩土参数；

4）软土地区的高路堤应提供变形计算参数，提出地基处理方法建议，工程需要时估算沉降量和工后沉降。

3 路堑工程

1）评价岩土透水性及地下水对路堑边坡及地基稳定性的影响；

2）提供边坡稳定性计算和支护设计参数；

3）提出边坡最优开挖坡率和排水措施建议。

4 支挡结构工程

1）评价支挡结构的地基及稳定性；

2）提供地基处理方法和支挡工程建议；

3）根据支挡地段的水文地质条件，评价地下水对支挡建筑物的影响，提出排降水的建议。

5 涵洞工程

1）分析场地地质条件、天然沟床稳定状态、隐伏基岩的倾斜状态、不良地质和特殊地质条件，评价其适宜性，地基均匀性和承载力，地基方案建议；

2）对施工和使用过程中可能发生的问题进行说明，并提出相应措施的建议。

条文说明

对低置结构工程、涵洞工程的分析评价，重点指出特殊岩土、不良地质对工程的影响，提出路基、涵洞基底稳定性及路堑、路堤边坡稳定性分析所需的岩土参数。

14.3.5 明挖法施工应重点分析评价下列内容：

1 分析基底隆起、基坑突涌的可能性，提出基坑开挖方式及支护方案的建议。

2 支护桩墙类型分析、连续墙、立柱桩的持力层、承载能力建议。

3 软弱结构面的空间分布、特性及其对边坡、坑壁稳定性的影响。

4 分析岩土层的渗透及地下水动态，评价排水、降水、截水等措施的可行性。

5 分析基坑开挖过程中可能出现的岩土工程问题，以及对附近地面、邻近建（构）筑物和管线的影响。

条文说明

对于明挖法施工的分析评价，侧重于分析岩土层的稳定性，透水性和富水性，这关系到边坡、基坑的稳定；分析不同支护形式可能出现的工程问题，提出防治措施的建议。

14.3.6 矿山法施工应重点分析评价下列内容：

1 分析岩土及地下水的特性，进行岩土施工工程分级和围岩分级，评价围岩的稳定性，提出隧道开挖的方式、超前支护形式等建议。

2 指出可能出现的坍塌、冒顶、边墙失稳、洞底隆起、涌水或突水等风险的地段，提出防治措施的建议。

3 分析隧道开挖引起的地面变形及影响范围，提出环境保护措施的建议。
　　4 采用爆破法施工时，分析爆破可能产生的影响及其范围，提出防治措施的建议。

条文说明

　　对于矿山法施工的分析评价，侧重于分析不良地质和特殊地质的条件，以及由此带来的工程问题，提出防治措施的建议。

14.3.7 盾构法施工应重点分析评价下列内容：
　　1 分析岩土层的特征，指出盾构机选型应注意的地质问题。
　　2 分析复杂地质条件以及河流、湖泊等地表水体对盾构施工的影响。
　　3 提出在软硬不均地层中开挖措施及开挖面障碍物处理方法的建议。
　　4 分析盾构施工可能造成的土体变形，对工程周边环境的影响，提出防治措施建议。

条文说明

　　对于盾构法施工的分析评价，侧重于依据地质条件提出盾构机选型的建议，指出影响盾构施工的地质条件。

14.3.8 地面建筑物、构筑物工程应分析评价下列内容：
　　1 岩土工程分析评价应在定性分析的基础上进行定量分析，岩土体的变形，强度和稳定应定量分析；场地的适宜性、场地地质条件的稳定性，可仅做定性分析。
　　2 结合工程结构类型、特点、荷载情况和变形控制要求，依据建设场地的工程地质条件，结合地区经验，考虑施工条件对周边环境的影响，地区工程抗震设防烈度等因素，对天然地基、桩基础和地基处理进行评价，提出安全可靠、技术可行、经济合理的一种或几种地基基础方案建议。
　　3 填方工程应对填料和施工提出控制要求。

条文说明

　　地面建筑物、构筑物的岩土工程分析评价应侧重于分析场地的稳定性、适宜性、地基均匀性的评价，指出地基基础方案和地基处理措施的建议。地基方案应从天然地基的可行性、地基均匀性、地基持力层进行分析评价，存在软弱下卧层时，应进行下卧层强度验算。对地基处理的必要性、处理方法的适宜性进行分析，评价地基处理对环境的影响，提出地基处理设计施工应注意的事项及地基处理试验、检测的建议。

14.3.9 工程建设对环境影响的分析评价可包括下列内容：
　　1 基坑开挖、隧道掘进和桩基施工等可能引起的地面沉降、隆起和土体的水平位移，及其对邻近建（构）筑物及地下管线的影响。

2 工程建设导致地下水位变化，出现区域性降落漏斗，水源减少、水质恶化、地面固结沉降、生态失衡等情况，提出防治措施建议。

3 工程建成后或运营过程中，可能对周围的岩土体、工程周边环境的影响，提出防治措施建议。

条文说明

轨道交通工程建设对城市环境的影响较大，勘察报告通过分析、评价和预测，提出防治措施的建议。环境问题涉及面广，本条仅涉及属于岩土工程方面的内容。

14.4 勘察报告的要求和内容

14.4.1 勘察报告应包括下列内容：

1 可行性研究阶段岩土工程勘察报告宜按照线路编制，初步勘察阶段岩土工程勘察报告宜按照地质单元、线路敷设形式或工点编制，详细勘察阶段岩土工程勘察报告应按照车站、区间、车辆基地等分别编制，施工阶段岩土工程勘察报告宜按照工点或专项编制。

2 各阶段勘察成果应具有连续性、完整性。

条文说明

为保证线路勘察的完整性，本条规定，按线路编制可行性研究阶段岩土工程勘察报告、初步勘察阶段岩土工程勘察报告；为满足工点设计的要求、突出工点的岩土特征，按工点编制详细勘察阶段岩土工程勘察报告；为满足施工需要，必要时按工点或地质单元或专项编制施工阶段岩土工程勘察报告。

14.4.2 可行性研究勘察报告应提供满足线路方案比选，线路敷设形式确定的要求，并符合下列规定：

1 提供区域性的地貌、地质构造、地层岩性、水文地质等资料，条件具备时可提供地震、地表水文、气象等资料。

2 评价场地稳定性和适宜性。

3 对搜集的资料和勘察结果进行综合分析，初步划分工程地质单元或进行工程地质分区。

4 描述不良地质作用、特殊性岩土、地质灾害及其对线路方案、敷设形式的适宜性、重大工法影响程度，为编制工程可行性研究报告提供基本的岩土依据。

5 当有两个或者两个以上的拟选线路方案、站位方案、铺设方案时，应从工程地质、水文地质、工程周边环境等多个角度综合分析和评价各自的优缺点，提出比选结论和建议。
    6 提出初步勘察工作的建议。

条文说明

    本条规定了可行性研究阶段勘察报告的基本要求,重点在于提供区域性的勘察资料,对全线的主要工程地质问题进行初步分析评价,为编制工程可行性研究报告提供依据。在现阶段的工程实践中,往往要求可行性研究勘察有所超前,以备设计工作提前进行。

14.4.3 初步勘察报告应满足初步设计施工方法比选、确定隧道埋深的要求,并应符合下列规定:
    1 提供场地地形、地貌、地层、地质构造、岩土性质,确定不良地质作用严重发育区段,评价对工程的影响。
    2 评价场地的稳定性和适宜性。
    3 统一全线的岩土分层、工程地质分区,并提出岩土参数建议值,初步划分围岩分级,并对岩土性状进行初步评价。
    4 初步确定地下水的类型、补给、径流和排泄条件,含水层和隔水层的分布,水位动态变化规律,初步评价地下水对工程的影响。
    5 对线路位置、隧道埋深、施工方法等提出建议。
    6 对不良地质作用和特殊性岩土提出防治建议。
    7 对详细勘察工作提出建议。

条文说明

    本条规定,初步勘察报告涵盖可行性研究阶段勘察报告的内容要求,重点在于提供全线的勘察资料,进一步分析影响全线的主要工程地质问题,预测全线的工程问题,为编制初步设计文件提供依据。

14.4.4 详细勘察报告应满足施工图设计对支护计算、地基计算、涌水量和降水计算及其他设计计算的要求,并应符合下列规定:
    1 详细划分地层,提供各项设计需要的岩土参数。
    2 详细划定各地段的场地类别、围岩分级,提出场地稳定性和适宜性。
    3 提供地下水位及其变化规律,提供含水层的渗透系数,以及水、土对建筑材料的腐蚀性做出评价。
    4 对地基基础方案、隧道开挖方案、支护方案、盾构设备选型、地下水控制方案、不良地质及特殊性岩土的治理提出建议。
    5 对工程施工和运营过程中可能产生的环境地质问题进行预测,提出防治措施的建议。

条文说明

本条重点在于详细勘察报告以工点为单位，提供详细的岩土资料，满足施工图设计的要求，预测工点的工程问题，提出工程措施建议。施工中要求的更加详尽的勘察资料，可通过施工勘察获得，详见本规范第 7 章施工勘察及其条文说明。

14.5 勘察报告的内容组成

14.5.1 勘察报告应包括文字部分、表格、图件，必要时包括附件，重要的支持性资料可作为附件。

条文说明

本条概括规定了轨道交通岩土工程勘察报告的内容组成，将勘察报告的内容组成分为文字部分、表格、图件和附件。

14.5.2 根据工程规模和任务要求等，可行性研究勘察报告、初步勘察报告和详细勘察报告的文字部分宜包括下列内容：
1 勘察任务依据、拟建工程概况、勘察要求与目的、勘察范围、勘察方法与执行标准、完成工作量等。
2 区域地质概况及勘察场地的地形、地貌、水文、气象条件。
3 勘察场地地面条件及工程周边环境条件等。
4 岩土特征描述，岩土分区与分层，岩土物理力学性质、岩土施工工程分级、隧道围岩分级。
5 地下水类型、赋存、补给、径流、排泄条件、地下水位及其变化，地层的透水及隔水性质。
6 不良地质作用、特殊性岩土的描述和对线路方案、线路设计、重大工法的影响程度的评价。
7 场地类别、抗震设防烈度、液化判别。
8 场地稳定性和适宜性评价。
9 场地工程周边环境条件分析和工程相互影响的评价，环境保护的建议。
10 各类工程和建筑结构的岩土工程分析评价。
11 设计、施工过程中可能出现的由于地质原因引起的风险分析及预防措施的建议。

14.5.3 勘察报告的表格宜包括下列内容：

1　勘探点主要数据一览表，各岩土层顶面标高、埋深及厚度统计表。
2　标准贯入试验、静力触探等原位测试，岩土室内试验、抽水试验、水质分析等成果表。
3　标准贯入试验、静力触探等原位测试、岩土室内试验统计汇总表，地震液化判别成果表、湿陷量计算表等。
4　各岩土层物理力学性质指标综合统计表及参数建议值表。
5　各岩土层电阻率测试统计成果表、波速试验统计成果表，其他统计成果表。
6　其他的相关分析表格。

14.5.4　勘察报告的图件宜包括下列内容：
1　区域地质构造图、水文地质图。
2　线路综合工程地质图，工程地质及水文地质单元分区图、工程地质及水文地质分区图。
3　水文地质试验成果图。
4　勘探点平面布置图，工程地质纵、横断（剖）面图。
5　钻孔柱状图，岩芯照片。
6　波速、电阻率测井、地温试验成果图，静力触探、载荷试验等原位测试曲线图。
7　填土、软土及基岩埋深等值线图。
8　其他相关图件。

14.5.5　勘察报告可附室内土工试验、岩石试验、岩矿鉴定的试验的原始记录。

条文说明

14.5.2~14.5.5　根据轨道交通工程勘察的实践，列出了勘察报告的内容组成，这是根据完整的报告要求列出的。各地地质条件差别很大，勘察报告的内容组成不可能相同。根据工程规模和任务要求等，选择适合于实际勘察的内容组成勘察报告。其中，勘察任务依据、拟建工程概况、勘察要求与目的、勘察范围、勘察等级、勘察方法与执行标准、完成工作量、因地质条件引起的施工工程风险分析等，是勘察报告应具备的内容。

14.5.6　勘察报告中的图例宜符合本规范附录 E 的相关规定。

15 现场检验与检测

15.0.1 现场检验、检测方法可根据工程类型、岩土条件及周边环境采用现场观察、试验、仪器量测等手段。

15.0.2 基槽、基坑、路基开挖后及隧道开挖过程中,应检验地基和围岩的地质条件与勘察报告是否一致,遇到异常情况时,应提出处理措施或修改设计的建议,当与勘察报告有较大差异时宜进行施工勘察。

条文说明

15.0.1、15.0.2 现场检验与检测是保证岩土工程质量与安全的重要手段之一,为了保证工程周边环境安全、工程结构安全以及工程施工安全,岩土工程勘察报告中应需要根据工程岩土特点、结构特点和施工特点,提出检测和监测的建议。目前现场检验与检测的方法主要有现场观察、试验和仪器量测等。

15.0.3 地基检验应包括下列内容:
1 岩土分布、均匀性和特征。
2 地下水情况。
3 检查是否有暗浜、古井、古墓、洞穴、防空掩体及地下埋设物,并查清其位置、深度、性状。
4 检查地基是否受到施工的扰动,及扰动的范围和深度。
5 冬季、雨季施工时应注意检查地基的防护措施,地基土质是否受冻、浸泡和冲刷、干裂等,并查明影响的范围和深度。
6 对土质地基,可采用轻型圆锥动力触探进行检验。

15.0.4 桩基的检验及检测应包括下列内容:
1 通过试成孔或试打,检验岩土条件是否与勘察报告一致。如遇异常情况,应提出处理措施。对大直径人工挖孔桩,应检验孔底尺寸和岩土情况。
2 检测桩身完整性和承载力,应符合现行行业标准《建筑基桩检测技术规范》(JGJ 106)。

条文说明

桩长设计一般采用地层和标高双控制，并以勘察报告为设计依据。但在工程实践中，会有实际地质情况与勘察报告不一致的情况，故应通过试打试钻，检验岩土条件是否与设计时预计的一致，在工程桩施工时，也应密切注意是否有异常情况，以便及时采取必要的措施。大直径挖孔桩，一般设计承载力很高，对工程影响重大，且人工挖孔也为检验提供了良好的条件，所以应逐桩检验孔底尺寸和岩土情况。

15.0.5 隧道围岩检验应包括下列内容：
1 开挖揭露的围岩性质、分布和特征。
2 地下水渗漏情况。
3 工作面岩土体的稳定状态。
4 围岩超挖或坍塌情况。
5 根据开挖揭露的岩土情况，对围岩分级进行确认和修改。

15.0.6 基坑工程检验应包括以下内容：
1 开挖揭露的地层性状、地下水情况是否与勘察报告一致。
2 基坑坑壁岩土体的稳定性。
3 基坑周边的地面、地下设施和邻近工程的分布是否与周边环境调查报告一致。

条文说明

基坑支护体系的检验是为了确保其达到设计要求，保证施工安全，具体检验、检测方法和技术执行现行行业标准《建筑基坑支护技术规程》（JGJ 120）的有关要求。

15.0.7 现场检验应填写检验报告，必要时绘制开挖面的实际的地层素描图或拍照。

15.0.8 路基工程可通过环刀法，灌砂法或核子密度仪法等对路基的密实度进行检测。

15.0.9 地基土及岩土加固效果检测项目、方法、数量应按现行国家标准《建筑地基基础工程施工质量验收规范》（GB 50202）和现行行业标准《建筑地基处理技术规范》（JGJ 79）的有关规定。

条文说明

地基处理施工前，应根据设计文件，现场核查设计图纸设计参数、设计要求、施工机械、施工工艺及质量控制指标等；复合地基的竖向增强体，尚应试打或试钻，通过试打或试钻检验岩土条件与勘察成果的相符性，确定沉桩或成孔的可能性，确定施工机械、施工工艺的适用性以及质量控制指标。对于有经验的工程场地，试打或试钻可结合工程桩进行。发现问题及时与有关部门研究解决。对缺乏施工经验的场地或采用新工艺时，应进行地基处理效果的测试。

15.0.10 基坑支护结构检测和检验应符合现行行业标准《建筑基坑支护技术规程》（JGJ 120）的有关规定。

15.0.11 应对隧道围岩加固的范围、效果等进行检测，可采用钻探，原位测试或物探等检测方法，检测工作宜包括下列内容：
1 加固体的强度、抗渗性、完整性。
2 隧道衬砌或管片背后注浆的范围和充填情况。
3 止水帷幕的强度，完整性和滞水效果。
4 冷冻法加固土体的范围、强度、温度。

15.0.12 遇有下列情况应对中低速磁浮交通工程结构进行沉降观测：
1 地质条件复杂，地基软弱或采用人工加固地基。
2 因地基变形、支挡结构变形、局部失稳影响工程结构安全时。
3 受力条件复杂的工程结构，设计有特殊要求的工程结构。
4 采用新的施工技术时。
5 地面沉降等不良地质作用发育区段。
6 受附近深基坑开挖、隧道开挖、工程降水等施工影响的工程结构。

15.0.13 沉降观测方法和要求应符合现行国家标准《城市轨道交通工程监测技术规范》（GB 50911）和现行行业标准《建筑变形测量规范》（JGJ 8）的有关规定。

条文说明

对城市轨道交通工程结构进行沉降观测，一方面为城市轨道交通工程施工及运营的安全提供保证；另一方面可以起到积累建筑经验或对工程进行设计反分析的作用。本条对城市轨道交通工程需要进行沉降观测的情况进行了规定。

附录 A 岩土施工工程分级

A.0.1 岩土工程勘察中，应根据岩土性质和施工的难易程度进行岩土施工工程分级，分级标准应符合表 A.0.1 的规定。

表 A.0.1 岩土施工工程分级

等级	分类	岩土名称及特征	钻1m所需时间 液压凿岩台车、潜孔钻机（净钻分钟）	钻1m所需时间 手持风枪湿式凿岩合金钻头（净钻分钟）	钻1m所需时间 双人打眼（工天）	岩石单轴饱和抗压强度（MPa）	开挖方法
I	松土	砂土，种植土，未经压实的填土	—	—	—	—	用铁锹挖，脚蹬一下到底的松散土层，机械能全部直接铲挖，普通装载机可满载
II	普通土	硬塑、软塑的粉质黏土，硬塑、软塑的黏土，膨胀土，粉土，Q_3、Q_4黄土，稍密、中密的细角砾、细圆砾，松散的粗角砾、碎石、粗圆砾、卵石，压密的填土，风积沙	—	—	—	—	部分用镐刨松，再用锹挖，脚连蹬数次才能挖动。挖掘机、带齿尖口装载机可满载、普通装载机可直接铲挖，但不能满载
III	硬土	坚硬的黏性土、膨胀土，Q_1、Q_2黄土，稍密、中密粗角砾、碎石、粗圆砾、卵石，密实的细圆砾、细角砾，各种风化成土状的岩石	—	—	—	—	应用镐先全部刨过才能用锹挖。挖掘机、带齿尖口装载机不能满载；大部分采用松土器松动方能铲挖装载

岩土施工工程分级

表 A.0.1（续）

等级	分类	岩土名称及特征	钻1m所需时间			岩石单轴饱和抗压强度（MPa）	开挖方法
			液压凿岩台车、潜孔钻机（净钻分钟）	手持风枪湿式凿岩合金钻头（净钻分钟）	双人打眼（工天）		
Ⅳ	软石	块石、漂石，含块石、漂石30%~50%的土及密实的碎石、粗角砾、卵石、粗圆砾；岩盐，各类较软岩、软岩及成岩作用差的岩石：泥质岩类、煤、凝灰岩、云母片岩、千枚岩	—	<7	<0.2	<30	部分用撬棍及大锤开挖或挖掘机、单钩裂土器松动，部分需借助液压冲击镐解碎或部分采用爆破法开挖
Ⅴ	次坚石	各种硬质岩：硅质页岩、钙质岩、白云岩、石灰岩、泥灰岩、玄武岩、片岩、片麻岩、正长岩、花岗岩	≤10	7~20	0.2~1.0	30~60	能用液压冲击镐解碎，大部分需用爆破法开挖
Ⅵ	坚石	各种极硬岩：硅质砂岩、硅质砾岩、石灰岩、石英岩、大理岩、玄武岩、闪长岩、花岗岩、角岩	>10	>20	>1.0	>60	可用液压冲击镐解碎，需用爆破法开挖

注：1 软土（淤泥质土、淤泥、泥炭质土、泥炭）的施工工程分级，一般可定为Ⅱ级；多年冻土一般可定为Ⅳ级。
2 表中所列岩石均按完整结构岩体考虑，若岩体极破碎、节理很发育或强风化时，其等级应按表对应岩石的等级降低一个等级。

附录 B 隧道围岩分级

B.0.1 隧道围岩分级应根围岩的岩土特征、岩石的坚硬程度、岩体的完整程度、风化程度等地质条件，考虑地下水、高地应力的影响，围岩的纵波速度，隧道的埋藏深度等因素进行综合评价分级。隧道围岩基本分级应根据表 B.0.1-1 的规定确定。

表 B.0.1-1 隧道围岩基本分级

岩体基本质量级别	岩体特征	土体特征	岩体基本质量指标 BQ	围岩弹性纵波速度 v_p (km/s)
Ⅰ	极硬岩，岩体完整	—	>550	A：>5.3
Ⅱ	极硬岩，岩体较完整； 硬岩，岩体完整	—	550~451	A：4.5~5.3 B：>5.3 C：>5.0
Ⅲ	极硬岩，岩体较破碎； 硬岩或软硬岩互层，岩体较完整； 较软岩，岩体完整	—	450~351	A：4.0~4.5 B：4.3~5.3 C：3.5~5.0 D：>4.0
Ⅳ	极硬岩，岩体破碎； 硬岩，岩体较破碎或破碎； 较软岩或软硬岩互层，且以软岩为主，岩体较完整或较破碎； 软岩，岩体完整或较完整	具压密或成岩作用的黏性土、粉土及砂类土，一般钙质、铁质胶结的粗角砾、粗圆砾、碎石、卵石、大块石，黄土（Q_1、Q_2）	350~251	A：3.0~4.0 B：3.3~4.3 C：3.0~3.5 D：3.0~4.0 E：2.0~3.0
Ⅴ	较软岩，岩体破碎； 软岩，岩体较破碎至破碎； 全部极软岩及全部极破碎岩（包括受构造影响严重的破碎带）	一般第四系坚硬、硬塑黏性土，稍密及以土、卵石、圆砾、角砾、粉土及黄土（Q_3、Q_4）	≤250	A：2.0~3.0 B：2.0~3.3 C：2.0~3.0 D：1.5~3.0 E：1.0~2.0
Ⅵ	受构造影响严重呈碎石、角砾及粉末、泥土状的富水断层带，富水破碎的绿泥石或炭质千枚岩	软塑状黏性土，饱和的粉土、砂类土等，风积沙，严重湿陷性黄土	—	<1.0（饱和状态的土<1.5）

注：当根据基本质量定性特征和岩体基本质量指标 BQ 确定的级别不一致时，应通过对定性划分和定量指标的综合分析，确定岩体基本质量级别。当两者的级别划分相差 1 级及以上时，应进一步补充测试。

B.0.2 岩石坚硬程度可按表 B.0.2-1 确定，A～E 是指岩性类型，可按表 B.0.2-2 确定，岩体完整程度可按表 B.0.2-3 确定，岩体结构面结合程度的划分，应符合表 B.0.2-4 的规定。

表 B.0.2-1　岩石坚硬程度的划分

岩石类别		单轴饱和抗压强度 R_c（MPa）	定 性 鉴 定	代表性岩石
硬质岩	极硬岩	$R_c>60$	锤击声清脆，有回弹，震手，难击碎； 浸水后，大多无吸水反应	未风化～微风化的 A 类岩石
	硬岩	$30<R_c\leqslant60$	锤击声较清脆，有轻微回弹，稍震手，较难击碎； 浸水后，有轻微吸水反应	微风化的 A 类岩石；未风化～微风化的 B、C 类岩石
软质岩	较软岩	$15<R_c\leqslant30$	锤击声不清脆，无回弹，较易击碎； 浸水后，指甲可刻出印痕	强风化的 A 类岩石；中风化的 B、C 类岩石；未风化～微风化的 D 类岩石
	软岩	$5<R_c\leqslant15$	锤击声哑，无回弹，有凹痕，易击碎； 浸水后，手可掰开	强风化的 A 类岩石；中风化～强风化的 B、C 类岩石；中风化的 D 类岩石；未风化～微风化的 E 类岩石
	极软岩	$R_c\leqslant5$	锤击声哑，无回弹，有较深凹痕，手可捏碎； 浸水后，可捏成团	全风化的各类岩石和成岩作用差的岩石

注：1　当无条件取得单轴饱和抗压强度 R_c 实测值时，也可采用实测的岩石点荷载强度指数 I_s（50）的换算值，换算方法按现行国家标准《工程岩体分级标准》（GB/T 50218）执行。
　　2　岩石风化程度可按本规范表 3.3.3 确定。

表 B.0.2-2　岩性类型的划分

岩性类型	代 表 岩 性
A	岩浆岩（花岗岩、闪长岩、正长岩、辉绿岩、安山岩、玄武岩、石英粗面岩、石英斑岩等）； 变质岩（片麻岩、石英岩、片岩、蛇纹岩等）； 沉积岩（熔结凝灰岩、硅质砾岩、硅质石灰岩等）
B	沉积岩（石灰岩、白云岩等碳酸盐类）
C	变质岩（大理岩、板岩等）； 沉积岩（钙质砂岩、铁质胶结的砾岩及砂岩等）
D	第三纪沉积岩类（页岩、砂岩、砾岩、砂质泥岩、凝灰岩等）； 变质岩（云母片岩、千枚岩等），且岩石单轴饱和抗压强度 $R_c>15$MPa
E	晚第三纪～第四纪沉积岩类（泥岩、页岩、砂岩、砾岩、凝灰岩等），且岩石单轴饱和抗压强度 $R_c\leqslant15$MPa

表 B.0.2-3 岩体完整程度的划分

完整程度	结构面发育程度			主要结构面结合程度	主要结构面类型	相应结构类型	岩体完整性指数(K_V)	岩体体积节理数J_V（条/m³）
	定性描述	组数	平均间距（m）					
完整	不发育	1~2	>1.0	结合好或一般	节理、裂隙、层面	整体状或巨厚层状结构	K_V>0.75	J_V<3
较完整		1~2	>1.0	结合差	节理、裂隙、层面	块状或厚层状结构	0.75≥K_V>0.55	3≤J_V<10
		2~3	1.0~0.4	结合好或一般		块状结构		
较破碎	较发育	2~3	1.0~0.4	结合差	节理、裂隙、劈理、层面、小断层	裂隙块状或中厚层状结构	0.55≥K_V>0.35	10≤J_V<20
	发育	≥3	0.4~0.2	结合好		镶嵌碎裂结构		
				结合一般		薄层状结构		
破碎		≥3	0.4~0.2	结合差	各种类型结构面	裂隙块状结构	0.35≥K_V>0.15	20≤J_V<35
	很发育	≥3	≤0.2	结合一般或差		碎裂结构		
极破碎	无序	—	—	结合很差		散体结构	K_V≤0.15	J_V≥35

注：表中岩体完整性指数（K_V），岩体体积节理条数（J_V）按现行国家标准《工程岩体分级标准》（GB/T 50218）。

表 B.0.2-4 岩体结构面结合程度的划分

结合程度	结构面特征
结合好	张开度小于1mm，为硅质、铁质或钙质胶结，或结构面粗糙，无充填物； 张开度1~3mm，为硅质或铁质胶结； 张开度大于3mm，结构面粗糙，为硅质胶结
结合一般	张开度小于1mm，结构面平直，钙泥质胶结或无充填物； 张开度1~3mm，为钙质胶结； 张开度大于3mm，结构面粗糙，为铁质或钙质胶结
结合差	张开度1~3mm，结构面平直，为泥质胶结或钙泥质胶结； 张开度大于3mm，多为泥质或岩屑充填
结合很差	泥质充填或泥夹岩屑充填，充填物厚度大于起伏差

B.0.3 隧道围岩级别的修正应符合下列规定：

1 围岩级别应在围岩基本分级的基础上，结合隧道工程的特点，考虑地下水出水状态、出事地应力状态、主要结构面产状状态等隐私进行修正。

2 围岩级别修正宜采用定性修正预定量修正相结合的方法，综合分析确定围岩级别。

B.0.4 围岩级别定性修正应符合下列规定：

1 地下水出水状态的分级宜按表 B.0.4-1 确定。

表 B.0.4-1 地下水状态的分级

地下水出水状态	渗水量 [L/ (min·10m)]
潮湿或点滴状出水	≤25
淋雨状或线流状出水	25~125
涌流状出水	>125

2 地下水出水状态对围岩级别的修正，宜按表 B.0.4-2 确定。

表 B.0.4-2 地下水影响的修正

地下水出水状态 \ 围岩级别	Ⅰ	Ⅱ	Ⅲ	Ⅳ	Ⅴ
潮湿或点滴状出水 $Q^{①}$ ≤25	Ⅰ	Ⅱ	Ⅲ	Ⅳ	Ⅴ
淋雨状或线流状出水 25＜Q≤125	Ⅰ	Ⅱ	Ⅲ 或 Ⅳ[①]	Ⅴ	Ⅵ
涌流状出水 Q＞125	Ⅱ	Ⅲ	Ⅳ	Ⅴ	Ⅵ

注：①围岩岩体为较完整的硬岩时定为Ⅲ级，其他情况定为Ⅳ级。

3 围岩初始地应力状态，当无实测资料时，可根据隧道工程埋深、地貌、地形、地质、构造运动史、主要构造线与开挖过程中出现的岩爆、岩芯饼化等特殊地质现象，按表 B.0.4-3 评估。

表 B.0.4-3 初始地应力场评估基准

初始地应力状态	主要现象	评估基准（R_c/σ_{max}）
一般地应力	硬质岩：开挖过程中不会出现岩爆，新生裂缝较少，成洞性一般较好	＞7
一般地应力	软质岩：岩芯无或少有饼化现象，开挖过程中洞壁岩体有一定位移，成洞性一般较好	＞7
高地应力	硬质岩：开挖过程中可能出现岩爆，洞壁岩体有剥离和掉块现象，新生裂缝较多，成洞性较差	4~7
高地应力	软质岩：岩芯时有饼化现象，开挖过程中洞壁位移显著，持续时间较长，成洞性差	4~7
极高地应力	硬质岩：开挖过程中有岩爆发生，有岩块弹出，洞壁岩体发生剥离，新生裂缝多，成洞性差	＜4
极高地应力	软质岩：岩芯常有饼化现象，开挖过程中洞壁岩体有剥离，位移极为显著，甚至发生大位移，持续时间长，不易成洞	＜4

注：表中 R_c 为岩石单轴饱和抗压强度（MPa）；σ_{max} 为垂直洞轴方向的最大初始地应力值（MPa）。

4 初始应力对围岩级别的修正，宜按表 B.0.4-4 进行。

表 B.0.4-4 初始地应力影响的修正

初始地应力状态 \ 修正级别（围岩级别）	Ⅰ	Ⅱ	Ⅲ	Ⅳ	Ⅴ
极高应力	Ⅰ	Ⅱ	Ⅲ 或 Ⅳ①	Ⅴ	Ⅵ
高应力	Ⅰ	Ⅱ	Ⅲ	Ⅳ 或 Ⅴ②	Ⅵ

注：1 ①围岩岩体为较破碎的极硬岩、较完整的硬岩时定为Ⅲ级；其他情况定为Ⅳ级；②围岩岩体为破碎的极硬岩、较破碎及破碎的硬岩时定为Ⅳ级；其他情况定为Ⅴ级。
2 本表不适用于特殊围岩。

5 主要结构面产状状态对围岩级别的修正，应考虑主要结构面产状与洞轴线的组合关系，并结合结构面工程特性，富水情况等因素综合分析确定。主要结构面是指对围岩稳定性起主要影响的结构面，如层状岩体的泥化层面，一组很发育的裂隙，次生泥化夹层，含断层泥、糜棱岩的小断层等。

B.0.5 围岩级别定量修正应符合下列规定：

1 围岩级别定量修正应对围岩基本质量指标 BQ 进行修正，并以修正后获得的围岩基本质量指标值 [BQ] 依据表 B.0.5-4 确定围岩级别。

2 围岩基本质量指标修正值 [BQ] 可按式（B.0.5）进行计算。其修正系数 K_1、K_2、K_3 值可分别按表 B.0.5-1、表 B.0.5-2、表 B.0.5-3 确定。

$$[BQ] = BQ - 100(K_1 + K_2 + K_3) \quad (B.0.5)$$

式中：[BQ]——围岩基本质量指标修正值；
    BQ——围岩基本质量指标值；
    K_1——地下水影响修正系数；
    K_2——主要软弱结构面产状修正系数；
    K_3——初始地应力影响修正系数。

表 B.0.5-1 地下水影响修正系数 K_1

地下水出水状态 \ 岩体基本质量指标 BQ	>550	550~451	450~351	350~251	≤250
潮湿或点滴状出水，Q≤25	0	0	0~0.1	0.2~0.3	0.4~0.6
淋雨状或线流状出水，25<Q≤125	0~0.1	0.1~0.2	0.2~0.3	0.4~0.6	0.7~0.9
涌流状出水，Q>125	0.1~0.2	0.2~0.3	0.4~0.6	0.7~0.9	1.0

表 B.0.5-2 主要软弱结构面产状修正系数 K_2

结构面产状及其与洞轴线的组合关系	结构面走向与洞轴线夹角<30°，结构面倾角30°~75°	结构面走向与洞轴线夹角>60°，结构面倾角>75°	其他组合
K_2	0.4~0.6	0~0.2	0.2~0.4

表 B.0.5-3　初始地应力影响修正系数 K_3

围岩强度应力比 (R_c/σ_{Max})	岩体基本质量指标 >550	550~451	450~351	350~251	≤250
<4	1.0	1.0	1.0~1.5	1.0~1.5	1.0
4~7	0.5	0.5	0.5	0.5~1.0	0.5~1.0

表 B.0.5-4　隧道围岩分级

围岩级别	围岩主要工程地质条件 主要工程地质特征	结构特征和完整状态	围岩开挖后的稳定状态（小跨度）	围岩基本质量指标 [BQ]	围岩弹性纵波速度 v_p (km/s)
Ⅰ	极硬岩（单轴饱和抗压强度 R_c >60MPa）：受地质构造影响轻微，节理不发育，无软弱面（或夹层）；层状岩层为巨厚层或厚层，层间结合良好，岩体完整	呈巨块状整体结构	围岩稳定，无坍塌，可能产生岩爆	>550	A：>5.3
Ⅱ	硬质岩（R_c >30MPa）：受地质构造影响较重，节理较发育，有少量软弱面（或夹层）和贯通微张节理，但其产状及组合关系不致产生滑动；层状岩层为中厚层或厚层，层间结合一般，很少有分离现象，或为硬质岩石偶夹软质岩石	呈巨块状或大块状结构	暴露时间长，可能会出现局部小坍塌，侧壁稳定，层间结合差的平缓岩层顶板易塌落	550~451	A：4.5~5.3 B：>5.3 C：>5.0
Ⅲ	硬质岩（R_c >30MPa）：受地质构造影响严重，节理发育，有层状软弱面（或夹层），但其产状及组合关系尚不致产生滑动；层状岩层为薄层或中层，层间结合差，多有分离现象，硬、软质岩石互层	呈块（石）碎（石）状镶嵌结构	拱部无支护时可能产生小坍塌，侧壁基本稳定，爆破震动过大易塌	450~351	A：4.0~4.5 B：4.3~5.3 C：3.5~5.0 D：>4.0
Ⅲ	较软岩（R_c = 15~30MPa）：受地质构造影响轻微，节理不发育；层状岩层为厚层、巨厚层，层间结合良好或一般	呈大块状结构			
Ⅳ	硬质岩（R_c >30MPa）：受地质构造影响极严重，节理很发育；层状软弱面（或夹层）已基本破坏	呈碎石状压碎结构	拱部无支护时，可产生较大的坍塌，侧壁有时失去稳定	350~251	A：3.0~4.0 B：3.3~4.3 C：3.0~3.5 D：3.0~4.0 E：2.0~3.0
Ⅳ	软质岩（R_c ≈ 5~30MPa）：受地质构造影响较重或严重，节理较发育或发育	呈块（石）碎（石）状镶嵌结构			
Ⅳ	土体：（1）具压密或成岩作用的黏性土、粉土及砂土；（2）黄土（Q_1、Q_2）；（3）一般钙质、铁质胶结的碎石、卵石、大块石	1和2呈大块状压密结构，3呈巨块状整体结构			

表 B.0.5-4（续）

围岩级别	围岩主要工程地质条件		围岩开挖后的稳定状态（小跨度）	围岩基本质量指标[BQ]	围岩弹性纵波速度 v_p（km/s）
	主要工程地质特征	结构特征和完整状态			
V	岩体：较软岩、岩体破碎；软岩、岩体较破碎至破碎；全部极软岩及全部极破碎岩（包括受地质构造影响严重的破碎带）	呈角砾碎石状松散结构	围岩易坍塌，处理不当会出现大坍塌，侧壁经常出现小坍塌；浅埋时易出现地表下沉（陷）或塌至地表	≤250	A：2.0~3.0 B：2.0~3.3 C：2.0~3.0 D：1.5~3.0 E：1.0~2.0
V	土体：一般第四系坚硬、硬塑黏性土，稍密及以上、稍湿或潮湿的碎石、卵石、圆砾、角砾、粉土及黄土（Q_3、Q_4）	非黏性土呈松散结构，黏性土及黄土呈松软结构			
VI	岩体：受构造影响严重呈碎石、角砾及粉末、泥土状富水断层带，富水破碎的绿泥石或炭质千枚岩	黏性土呈易蠕动的松软结构，砂性土呈潮湿松散结构	围岩极易坍塌变形，有水时土砂常与水一齐涌出；浅埋时易塌至地表	—	<1.0（饱和状态的土<1.5）
VI	土体：软塑状黏性土，饱和的粉土、砂土等，风积沙，严重湿陷性黄土				

附录 C 岩土试验、测试项目

C.0.1 岩土试验项目和试验方法应根据岩土性质、试样性质、工程性质选定。岩土力学性质试验应与其在工程中所处的环境和状态基本一致或相似。试验项目和方法应符合表 C.0.1-1 及表 C.0.1-2 的规定。

C.0.2 不良地质环境及特殊性岩土条件下的铁路工程所选用的岩土试验项目，应根据需要并对照表 C.0.1-1 及表 C.0.1-2 确定。

表 C.0.1-1 岩石试验项目

岩石类型	工程类型	密度 ρ g/cm³	颗粒密度 ρ_s g/cm³	吸水率 w %	黏土矿物 %	黏粒含量 %	矿物鉴定 %	化学分析 %	抗拉试验 σ_t kPa	抗压试验 天然 R MPa	抗压试验 干 R MPa	抗压试验 饱和 R_c MPa	抗剪试验 τ kPa	耐冻系数 K_Q	崩解性 A_t %	三轴抗压试验 σ_i kPa	自由膨胀率 F_s %	膨胀率 %	饱和吸水率 %	膨胀力 P_p kPa
硬质岩	基坑、隧道工程	+	+	(+)			(+)		(+)		+	+	+	(+)						
硬质岩	桥涵、挡土墙、场段建筑、高路堤等地基	+	+	+			(+)		(+)	+	+	+	+	(+)		(+)				
软质岩	基坑、隧道工程	+		+	(+)	(+)	(+)	(+)	(+)	+	+	+	+	(+)		(+)	(+)	(+)	(+)	(+)
软质岩	桥涵、挡土墙、场段建筑、高路堤等地基	+		+	(+)	(+)	(+)	(+)	(+)	+	+	+	(+)	(+)						
软质岩	深路堑	+		+	(+)	(+)	(+)	(+)		+		(+)	(+)	(+)	(+)					

注：1 有括号者表示按需要确定。
2 本表所列试验项目按施工图设计要求考虑。
3 采用隧道掘进机施工时，尚应增加岩石硬度试验、耐磨性指标、岩块弹性波速测试项目。

表 C.0.1-2 土的物理力学性质试验项目

土的名称	工程类别	天然含水率 w (%)	天然密度 ρ (g/cm³)	颗粒密度 ρ_s (g/cm³)	天然孔隙比 e	天然饱和度 S_r (%)	液限 w_L (%)	塑限 w_p (%)	塑性指数 I_p	液性指数 I_L	颗粒分析 (%)	相对密度 D_r	渗透系数 垂直 k_v (cm/s)	渗透系数 水平 k_h (cm/s)	压缩系数 垂直 a_v (MPa⁻¹)	压缩系数 水平 a_h	固结系数 垂直 C_v (cm²/s)	固结系数 水平 C_h	次固结系数	剪切试验 快剪 C,φ	固结快剪 C,φ	慢剪 C,φ	往复剪 C,φ	三轴剪 不固结不排水 UU	固结不排水 CU	固结排水 CD
砂土	路堤、挡土墙、桥涵、地面建筑等地基	+	+	+	+	+					+	(+)		(+)												
	基坑、隧道等	+	+	+		+					+		(+)													
	边坡及稳定检算	+	+	+		+					+									+						
粉土	路堤、挡土墙、桥涵、地面建筑等地基	+	+	+	+		+	+	+		+				(+)					+						
	基坑、隧道等	+	+	+	+		+	+	+		+		(+)		(+)					+	+	(+)	(+)	(+)	(+)	
	边坡及稳定检算	+	+	+	+		+	+	+		+									+	+			(+)	(+)	
黏性土	路堤、挡土墙、桥涵、地面建筑等地基	+	+	+	+		+	+	+	+					(+)					+	+			+	+	
	基坑、隧道等	+	+	+	+		+	+	+	+			(+)		(+)					(+)	+	(+)		+	+	
	边坡及稳定检算	+	+	+	+		+	+	+	+										+	+	(+)	(+)	+	+	

表 C.0.1-2（续）

工程类别／土的名称	天然含水率 w %	天然密度 ρ g/cm³	颗粒密度 ρ_s g/cm³	天然孔隙比 e	饱和度 S_r %	液限 w_L %	塑限 w_p %	塑性指数 I_p	液性指数 I_L	颗粒分析 %	相对密度 D_r	渗透系数 垂直 k_v cm/s	渗透系数 水平 k_h cm/s	压缩系数 垂直 a_v MPa⁻¹	压缩系数 水平 a_h MPa⁻¹	固结系数 垂直 C_v cm²/s	固结系数 水平 C_h cm²/s	次固结系数	快剪 C,φ	固结快剪 C,φ	慢剪 C,φ	往复剪 C,φ	三轴剪 UU	三轴剪 CU	三轴剪 CD
路堤、挡土墙、桥涵、地面建筑地基	+	+	+	+		+	+	+	+										+				(+)		
基坑、隧道等	+	+	+	+		+	+	+	+										+	+			+	+	
边坡及稳定验算	+	+	+	+		+	+	+	+										+	+	+		+	+	
黄土 表层硬壳 路堤、挡土墙、桥涵、地面建筑等地基	+	+	+	+		+	+	+	+										+	+		(+)	+	+	
黄土 下部软土 路堤、挡土墙、桥涵、地面建筑等地基	+	+	+	+		+	+	+	+			+	+	+		+	+	+	+	+	+		+	+	
盐渍土 原状	+	+	+	+		+	+	+	+	(+)		(+)	+	+		+	+		+	+			+	(+)	(+)
盐渍土 重塑										(+)		(+)		(+)					(+)			(+)	(+)	(+)	
膨胀土	+	+	+	+		+	+	+	+										(+)	+		(+)	(+)	(+)	

注：1　有括号者表示按需要确定。
2　本表所列试验项目，按工程施工图设计要求考虑。
3　采用盾构机施工的隧道工程，砂土应测定石英含量，黏性土应测定黏粒含量。

— 167 —

条文说明

岩土试验、测试项目表内的物理力学性质试验项目编制说明：

（1）本表试验项目以满足一般设计要求为主，对一些因科研或积累资料所需的项目和设计特需的项目，应根据实际需要增加。

（2）粉土命名依据塑性指数和颗粒级配。

（3）地震区饱和砂土、粉土的液化判定所进行的颗粒分析和深度要求，应按现行国家标准《建筑抗震设计规范》（GB 50011）执行。

（4）碎石类土的颗粒级配一般都室内颗分法（现场调查目力鉴定）。

（5）土的物理力学性质试验项目带括号者中粉土、黏性土的快剪试验选择时应根据土的渗透性和潮湿程度确定选用快剪或三轴压缩。其他带括号的试验项目说明见表 C-1。

表 C-1　土的物理力学性质试验项目中带括号者的说明

土　类	工程类型	试验项目	表内带括号项目试验条件
黏性土粉土	隧道	压缩试验	拱脚以下部分
		天然快剪	洞顶以上20m至钻孔终了范围内
黄土	隧道	湿陷试验	（1）明洞基础、隧道基底、洞身及隧道洞顶以上（依据隧道埋深确定）； （2）按地貌单元做代表性试验
		天然快剪	洞顶以上20m至钻孔终了范围内（或至隧道路肩设计高程以下5m）
黏性土粉土	桥涵基底	压缩试验	（1）下列情况下的黏性土及黄土应取样做压缩试验： ①超静定结构的基础； ②当相邻墩台的地基土有明显不同，或相邻跨度特别悬殊而应考虑其沉降差时； ③湿陷性黄土、软土桥梁基础； ④跨越桥和跨线渡槽下的净高需预先考虑沉降量时 （2）Q_3 及以前冲（洪）积黏性土、坚硬黏性土及残积黏性土
		天然快剪	（1）软土及软塑、流塑状黏性土； （2）桩基、沉井、柱基分层做代表性试验； （3）基底斜坡坡度大于1:2的墩台
		饱和快剪	水库区可能被水浸泡的基础
		有机物含量	含有机质黏性土、粉土
	房建基底	压缩试验	（1）软土及土质软硬不均地基； （2）高层建筑、大型站房、大跨度建筑物
		天然快剪	软土及软塑状黏性土
		有机物含量	含有机质黏性土、粉土

表 C-1（续）

土　类	工程类型	试验项目	表内带括号项目试验条件
黏性土 粉土	挡土墙基底	压缩试验	Q_3 及以前冲（洪）积黏性土、坚硬黏性土及残积黏性土
		天然快剪	（1）基底斜坡坡度大于 1:2 的挡墙； （2）软土及软塑、流塑状黏性土
		饱和快剪	水库区浸水挡墙
	高填	天然快剪	基底下有软土或软塑状黏性土夹层时
		饱和快剪	基底土层可能被水浸泡时
	陡坡填方	饱和快剪	基底土层可能被水浸泡时
	路堤填料	夯后饱和快剪	修筑的路堤可能受水浸泡时
		毛细水上升高度	修筑的路堤可能受水浸泡时
软土	软土路基	天然快剪、 固结快剪、 三轴压缩	（1）采用桩基时，每个工点 2/3 样品做天然快剪，1/3 样品做三轴快剪； （2）采用沙桩、沙井或边界排水良好时，每个工点 2/3 样品做固结快剪，1/3 样品做三轴快剪； （3）若一个工点同时存在上列两种情况时，则每个点的样品各做 1/3 的天然快剪、固结快剪、三轴快剪； （4）上列三种快剪对每个样品仅做一种快剪
膨胀土	—	天然快剪	结合建筑区及大型工点分类做代表性试验
		膨胀压力	同上
		收缩系数	同上

附录 D 物探、原位测试方法的适用条件

D.0.1 岩土工程勘察中，物探方法的选择应根据物性参数、基本原理、适用条件、场地条件及工程要求综合考虑，其选择原则应符合表 D.0.1 的规定。

D.0.2 在地基勘察中，原位测试方法的选择应根据其适用范围、岩土类别、建筑物基础设计对参数的要求综合考虑，其选择原则应符合表 D.0.2 的规定。

条文说明

物探、原位测试技术的推广应用为工程地质综合勘察提供了基础。只有了解他们的适用条件，又熟悉各类工程设计所需地质参数，才能根据地质环境条件选择适宜的方法。原位测试是提高测试岩、土层力学指标精度的有效方法，应大力推广，可结合岩土条件和原位测试方法选用。物探方法是利用岩土物性参数探测深部地质体的方法，由于每一物探方法主要研究地层的一两个物理性质，勘探一定深度范围，因此宜结合场地条件开展综合物探。

表 D.0.1 工程物探方法的应用范围及适用条件

物探方法		利用参数	基本原理	应用范围	适用条件
直流电法勘探	电测深法	电阻率	以地下岩土的电阻率、电磁场、极化率及介电常数等物理场为基础，借助物探仪器测量上述物理场的天然或人工场中，空间与时间的变化规律，结合已知地质资料通过分析和研究，推断出地下一定深度范围内、地质体的分布特性及水文地质条件	（1）探测覆盖层、古河床、古墓，寻找砂砾建材；（2）探测隐伏地质构造，如不同岩性陡立接触带、岩脉、断层带；（3）探测滑坡体的滑动面；（4）探测岩溶、地下暗河及人为坑洞；（5）在第四系地层中和基岩富水裂带及岩溶发育区寻找含水层富水带，划分咸淡水界线，测潜水流向，流速，测量电力、通信线路的大地导率；（6）工程质量检测及探查地下管线	（1）探测对象与围岩有明显电性差异；（2）探测对象直径D与埋深H比≥0.2；（3）信噪比（S/N）大于3；（4）单井充电法测潜水流向，流速，要求潜水测深小于50m；自然电场法测深小于15m，用充电法探测潜埋深度应大于埋藏深度的3倍；（5）交流电磁法适用于接地困难，存在高屏蔽的地区、地段；（6）地质雷达探测的地质体间，介电常数应有一定差异
	电剖面法				
	高密度剖面法				
	自然电场法	自然电位差			
	充电法	电位			
	激发极化法	极化率衰减时			
电磁波法	音频大地电磁法	导电性			
	可控源音频大地电磁法				
	瞬变电磁法				
	地质雷达	介电常数			
	管线探测	人工或天然电磁场			
地震勘探弹性波勘探	折射波法	岩土层的纵波速度、横波速度、面波速度	利用人工或天然激发的地震波在岩土层中的传播产生的反射、折射及瑞雷变频测深的特性，以研究地下地质体的几何形态及岩土体的物理力学参数	（1）探测地质构造；（2）探测覆盖层厚度、断层破碎带，滑动面，潜水位等；（3）探测岩体动弹性性质参量等；（4）探测地脉动卓越周期，桩基及建筑物基础探查；（5）测定岩体完整性系数	（1）折射波法：应满足$v_2 > v_1$，岩层视倾角与临界角之和小于90°；（2）反射波法：应满足$v_1\rho_1 \neq v_2\rho_2$，地层倾角3°～5°时最有利
	反射波法				
	瑞雷面波法				
	超声波法				
	场地波速测试				
	地脉动测试	卓越周期			

表 D.0.1（续）

物探方法		利用参数	基本原理	应用范围	适用条件
重力勘探		重力加速度	测定地球重力异常分布变化，分析地下地质情况	探区域地质构造、深部断层、附加重力仪探测大溶洞	探测地质体与周岩有明显密度（重力或磁）差异。探测对象规模与埋深比要足够大
磁法勘探		磁场强度磁化强度	量测地磁场变化	探寻岩浆岩体界线、断层带、地下管线、考古	探测对象与周岩有放射性差异，所探对象埋深浅
放射性勘探		岩土的γ、α射线的活度，测氡	测定岩土的天然或人工放射性γ活度及氡、钍衰变物变化	探寻基岩裂隙水、断层带，测湿度、密度、环境监测	
地温勘探		地温	用仪器测定地质体的温度异常差异，或测定地表地温与深部地温的变化情况	划分有地温异常的深大断裂位置；研究地表与深部地温变化规律	地质体间有温度差异，或在深孔钻孔中测定地温变化的情况
井下物探	电测井	电阻率	用仪器观测钻井及井间岩土物性差异所引起的天然或人工物理场变化规律，以研究井壁和井间空间地质构造，测定岩土自然状态下物理力学和水文地质参数	划分软弱夹层、风化层厚度、断裂带、岩溶位置，测井中出水位置及水文地质参数；测岩土物理力学参数；监测地下水污染、核处理场选址	电测井和无线电波透视及声速测井，应在无泥浆（水）无套管的孔中进行，水文测井应在无套管或有滤管经洗井后的清水井中进行
	管波测井	岩土波速			
	水文测井	水电阻率			
	单孔声波探测	岩土波速			
	孔间地震波（CT）	岩土波速			
	超声成像测井	井壁反射声幅及走时			
	孔间电磁波透视法	电磁波吸收系数			
	钻孔全景光学成像	岩体的破碎、裂隙发育、岩层分层等			
钻孔技术测量		井斜井温井径			

表 D.0.2 原位测试方法适用条件

测试方法	适用范围																	
	适用的岩、土类别												可取得的岩、土参数						
	岩石	碎石土	砂土	粉土	黏性土	软土	填土	剖面分层	土类鉴别	物理状态	强度参数	模量	基床系数	柔度系数	固结系数	侧压力系数	超固结比	承载力	判别液化
荷载板试验 (PLT)	++	+++	+++	+++	+++	+++	+++				+	+++	+++				+	+++	
螺旋板荷载试验 (SPLT)		+++	+++	+++	+++	++	+				++	+++	+++		+		++	+++	
单桩静载试验 (SLTP)	+++	+++	+++	+++	+++	+++	++											+++	
现场直剪试验 (FDST)	+++	+++			++		+				+++	++							
十字板剪切试验 (VST)					+	+++					+++			+++				+	
预钻式旁压试验 (PMT)	+++	++	++	++	++	++	++				++	+++	+			+		++	
标准贯入试验 (SPT)			+++	+++	+++	+	++	++	+++	++	+	+	+					++	+++
动力触探 (DPT)		+++	++	++	+	+	++	++	+	+		+						++	
静力触探 (CPT)			++	+++	+++	+++	++	+++	++	++	++	+	+					++	++
孔压力静力触探 (CPTU)			+	++	+++	+++	++	+++	++	++	+	+	+		+	+		++	+++
应力铲试验 (TPCT)			+	+	+++	+++		++				++			+		++		
扁板侧胀试验 (FDT)			+	++	++	++	+	+	+		++	+	+			+	+	+	

注: +++很适用; ++适用; +较适用。

附录 E 常用图例

表 E.0.1 松散土层图例

图例	岩石名称	图例	岩石名称
	黏土		细角砾
	粉质黏土		粗角砾
	黏质粉土		卵石
	砂质粉土		碎石
f	粉砂		块石
x	细砂		种植土
z	中砂		素填土
c	粗砂		杂填土
l	砾砂		淤泥（与岩性叠加为淤泥质土）
x	细圆砾		泥炭质土（与岩性图例叠加）
c	粗圆砾		有机质土（与岩性图例叠加）

表 E.0.2 常用岩石图例

图　例	代　号	岩石名称	图　例	代　号	岩石名称
	Sh	页岩		γ	花岗岩
	cSh	炭质页岩		γπ	花岗斑岩
	Ms	泥岩		λ	流纹岩
	Ls	石灰岩		ξ	正长岩
	Ml	泥灰岩		ξπ	正长斑岩
	kLs	岩溶化灰岩		δ	闪长岩
	Dm	白云岩		α	安山岩
	Ss	砂岩		ν	辉长岩
	Cg	砾岩		β	玄武岩
	Br	角砾岩		σ	橄榄岩
	Cb	煤层		ψ	辉岩
	Gy	石膏岩		μ	玢岩
	Rs	盐岩		χ	煌斑岩
	Tu	凝灰岩		π	斑岩
	Vb	火山角砾岩		Mi	混合岩
	Va	火山集块岩		Hf	角页岩
	ψo	角闪岩		Sl	板岩
	Tγ	压碎岩		Ph	千枚岩
	Ml	糜棱岩		cPh	炭质千枚岩

表 E.0.2（续）

图 例	代 号	岩石名称	图 例	代 号	岩石名称
	Fc	断层泥		Gn	片麻岩
	Fbr	断层角砾		Qu	石英岩
	chSc	绿泥片岩			硅化灰岩
	cSc	炭质片岩		Mb	大理岩
	mSc	云母片岩		φω	蛇纹岩
	Sc	片岩			

表 E.0.3 地质构造图例

编号	图形符号	名 称	说 明
1		垂直地层	
2		水平地层	
3	30°	倒转地层	
4	(1) 30° (2) N35°E/20°S	层理产状	平面图用（1） 断面图用（2）
5	70°	劈理产状	
6	20°	片理叶理产状	
7	20°	节理产状	
8		垂直节理产状	
9	20°	张开节理产状	

表 E.0.3（续）

编　号	图形符号	名　称	说　明
10	↓20°	背斜及其枢纽倾伏角	线形加符号。若有地表第四系覆盖，直线线形部分用虚线
11	↑20°	向斜及其枢纽倾伏角	线形加符号。若有地表第四系覆盖，直线线形部分用虚线
12		穹窿构造	
13		盆皱构造	
14	60°	压性断裂	短线示倾向，数字示倾角
15	80°	张性断裂	短线示倾向，数字示倾角
16	80°	扭性断裂	
17	80°	压扭性断裂	南盘相对往北东斜冲
18	80°	张扭性断裂	南盘相对往南西方向斜落
19	50°	正断层产状	齿侧下落盘，虚线为推断部分，箭头指示断层面倾向
20	50°	逆断层产状	
21	70°	平移断层	小箭头示倾向，数字为倾角
22	F	性质不明断层	平面及断面图用，虚线为推断部分
23	(1)　(2)	断层破碎带	平面图用（1），范围用不良地质界线，中间为断层图例；断面图用（2），断层带内按实际构造岩图例填绘
24		不整合接触线	断面图用
25		平行不整合	平面图用，虚线侧指示新地层
26		角度不整合	平面图用，点线侧指示新地层

表 E.0.4 地质界线图例

图 例	名 称	图 例	名 称
	不良地质界线		工程地质分区界线
(1) (2)	岩层分界线 平面图用（1） 断面图用（2） 虚线为推断部分	Ⅱ	工程地质分区编号
	岩层风化带分界线	Ⅲ	岩土施工工程分级 （断面图用）
	矿区规划开采界线	0.20	地震动峰值加速度
	采矿区界线		地震动峰值加速度分区界线
W_f	风化带分带及注记（断面图用，下脚标 f 按实际情况可注记为 1、2、3、4，其中：W_1 表示微风化；W_2 表示弱风化；W_3 表示强风化；W_4 表示全风化；W 表示不能细分的风化）		

表 E.0.5 岩土勘探图示

图示符号	名 称	图示符号	名 称
○ 勘探孔号/勘探深度	勘探点平面标识	▼	标准贯入试验孔
1 ⋯⋯ 1'	地质剖面及编号	△	轻型圆锥动力触探孔
○	钻孔	▲	重型圆锥动力触探孔
◐	取岩土试样钻孔	▽	波速测试孔
⊘	取水试样钻孔	Ω	电阻率测试孔

表 E.0.5（续）

图示符号	名　称	图示符号	名　称
(符号)	地质观测点	Ⓣ	地温测试孔
(符号)	探井	Ⓨ	放射性测试孔
(符号)	取岩土试样探井	⊖	旁压测试孔
Ⓙ	静力触探孔	◎	利用已有资料钻孔
(符号)	探槽	(符号)	摄影点
勘探孔编号/孔口高程、分层高程、终孔高程	勘探孔（断面图用）	静探编号/孔口高程、分层高程、终孔高程	静力触探孔（断面图用）
黏性土：坚硬、硬塑、软塑、流塑；非黏性土：密实、中密、稍密、松散	勘探孔（坑）地层的塑性状态或密实程度	静水位观测日期静水位高程▽	无压水勘探孔水位标识
第一层静水位观测日期静水位高程▽1；第二层静水位观测日期静水位高程▽2；第一层初见水位观测日期初水位高程▽1；第二层初见水位观测日期初水位高程▽2	承压水勘探孔	土原状样●　↓标贯点　土扰动样○　┼十字板剪切点　岩样▨	勘探孔内取样及原位测试点

附录 F 常用图式

表 F.0.1 各种线型的用途

序号	名　　称	用 途 举 例	线宽或样式
1	加粗线	大幅图框线	1～1.2mm
2	粗实线	图框线、地貌界限、小柱状图框线、水文地质分区界限	0.6～0.8mm
3	粗虚线	推测断层线、褶皱轴、水文地质亚区界限	0.6～0.8mm
4	细实线	断面图地层分界线、地层图形花纹线	0～0.2mm
5	细虚线	断面图推测地层分界线	0～0.2mm
6	波浪线	不整合接触线（≤0.2mm）	∼∼∼∼
7	点线	地貌分界线（1cm内5～6点）	‥‥‥‥
8	—×—实线	不良地质特殊性岩土分界线（×间距10mm）	—×—×—
9	一点一实线	地下水位线（·间距12mm）	—·—·—
10	两点一实线	岩层风化带分界线（‥间距13mm）	—‥—‥—
11	三点粗实线	工程地质分区界线（…间距14mm）	—…—…—
12	<·>粗实线	地震动峰值加速度分界线（<·>间距15m）	—<·>—

表 F.0.2 地质界线图样规格

序号	界线名称	线样画法	主 线 宽
1	断层线、褶皱轴、水文地质分区界线	——————	(0.5～0.7)b
2	推测断层线、褶皱轴、水文地质亚区界线	— — —	(0.5～0.7)b
3	工程地质分区界线	—…—…—	(0.3～0.7)b
4	地震烈度界线、不良地质及特殊性岩土界线	—<·>—、—×—×—、	(0.3～0.7)b
5	岩层风化界线、地下水位线	—‥—‥—、—·—·—	0.3b
6	平面图地层分界线	‥‥‥‥	4～6或4～5个

注：辅助线规格按0.2b绘制不同地质界线未一一列出，其绘制应根据界线特点，参照线样要求绘制。

本规范用词说明

执行本规范条文时，对于要求严格程度的用词说明如下，以便在执行中区别对待。

1）表示很严格，非这样做不可的用词：

正面词采用"必须"；反面词采用"严禁"。

2）表示严格，在正常情况均应这样做的用词：

正面词采用"应"；反面词采用"不应"或"不得"。

3）表示允许稍有选择，在条件许可时首先应这样做的用词：

正面词采用"宜"；反面词采用"不宜"。

4）表示有选择，在一定条件下可以这样做的，采用"可"。

引用标准名录

1 《建筑抗震设计规范》（GB 50011）
2 《岩土工程勘察规范》（GB 50021）
3 《湿陷性黄土地区建筑标准》（GB 50025）
4 《建筑工程抗震设防分类标准》（GB 50223）
5 《城市轨道交通岩土工程勘察规范》（GB 50307）
6 《建筑边坡工程技术规范》（GB 50330）
7 《城市轨道交通结构抗震设计规范》（GB 50909）
8 《煤矿采空区岩土工程勘察规范》（GB 51044）
9 《工程岩体分级标准》（GB/T 50218）
10 《地基动力特性测试规范》（GB/T 50269）
11 《岩溶地区建筑地基基础技术标准》（GB/T 51238）
12 《城市地下管线探测技术规程》（CJJ 61）
13 《建筑与市政工程地下水控制技术规范》（JGJ 111）
14 《中低速磁浮交通设计规范》（CJJ/T 262）
15 《建筑工程地质勘探与取样技术规程》（JGJ/T 87）
16 《铁路工程地质勘察规范》（TB 10012）
17 《铁路工程不良地质勘察规程》（TB 10027）
18 《铁路工程特殊岩土勘察规程》（TB 10038）
19 《铁路瓦斯隧道技术规范》（TB 10120）
20 《铁路隧道超前地质预报技术规程》（Q/CR 9217）